Silvano Zoccarato

I volti della Chiesa in Algeria e i 19 martiri

Silvano Zoccarato

I volti della Chiesa in Algeria e i 19 martiri

Missionario del PIME

Edizioni Sant'Antonio

Imprint

Cover image: www.ingimage.com

Publisher:
Edizioni Accademiche Italiane
is a trademark of
International Book Market Service Ltd., member of OmniScriptum Publishing Group
17 Meldrum Street, Beau Bassin 71504, Mauritius

Printed at: see last page
ISBN: 978-613-8-39130-2

Charles de Foucauld à Beni Abbes

Prefazione

Padre Silvano ha accettato la sfida dell'incarico della Parrocchia di Touggourt con l'ardore con cui aveva vissuto la sua lunga esperienza in Camerun, con la sua umanità e, soprattutto, con il suo grande amore verso Gesù e verso il Vangelo, per i quali ha consacrato la sua vita.

È stato inizialmente accolto dalla Fraternità delle Piccole Sorelle del Vangelo e dalla popolazione circostante, abituata alla presenza dei Padri Bianchi. La gente del luogo, vedendo papa Francesco alla TV, ora lo chiama il Papa di Touggourt.

Sono grato al Pime che rispose positivamente alla domanda del mio predecessore, mons. Michel Gagnon, per una presenza così importante a Touggourt, città del Sahara di 150.000 abitanti, tutti musulmani, piena di palmeti e di piccole imprese. Ai padri del Pime è stata anche affidata anche l'assistenza religiosa degli stranieri impiegati nell'estrazione del petrolio ad Hassi Messaud.

La città di Touggourt è calma, i cittadini pacifici e p. Silvano si è fatto subito loro amico. Le sue camminate, per andare presso le Piccole Sorelle a celebrare la messa, l'hanno reso familiare e lo hanno agevolato nell'apprendimento dell'arabo. Il dono delle lingue, poi, gli ha permesso in breve tempo di migliorare il suo modo di esprimersi e grande fu la mia sorpresa quando lo vidi celebrare la messa in arabo. Le mamme sono contente quando può aiutare alcuni ragazzi nello studio del francese. Ne approfittano anche alcuni adulti, e non pochi vogliono imparare un po' di italiano.

Apprezzo di padre Silvano le riflessioni: esprimono il senso della sua vita, della sua vocazione, della vocazione di una Chiesa nel cuore dell'Islam. Non gli fu facile passare dalla pastorale missionaria classica a una presenza diversamente "attiva" in un mondo musulmano, dove non è possibile battezzare o catechizzare pubblicamente, come invece poteva fare nelle sue precedenti attività apostoliche.

Le sue cartoline spiegano la sua presenza missionaria gratuita, il semplice essere lì a testimoniare l'amicizia, a incoraggiare, a pregare. Attraverso le sue riflessioni, "tirate" dalla vita quotidiana, comprendiamo meglio il senso di questa presenza. Padre Silvano lo fa non con un linguaggio difficile, ma in modo molto semplice. È quello che chiamiamo il dialogo della vita. Per fare sì che tale dialogo possa svilupparsi sereno e costruttivo tra responsabili cristiani e musulmani, e diventi pure un dialogo a livello teologico, bisogna però essere sicuramente appoggiati su una base solida, quella del nostro vivere quotidiano la fede, e contemporaneamente essere capaci di cordialità. Ad un impegno nel quotidiano padre Silvano è attento, proprio perché in tutti questi incontri semplici di ogni giorno noi siamo chiamati a testimoniare, nel più grande rispetto di Colui che ci abita, di Colui che ci fa vivere e che si è rivelato in Gesù.

Qui in Algeria non abbiamo l'occasione di svolgere scambi ad alto livello, ma la nostra vita è piena di tante piccole occasioni per testimoniare la nostra stima reciproca. Esse sono la prova che è possibile vivere insieme anche con convinzioni diverse. Il beato Charles de Foucault chiamava tutto ciò l'*apostolato della bontà*. La nostra società oggi è poco abituata alla gratuità, mentre la presenza della comunità di Touggourt vive soprattutto in gratuità. Musulmani e cristiani si sono spesso affrontati nel passato. È ora urgente stabilire relazioni di buon vicinato, di pace e perfino di fraternità.

L'esperienza del Pime a Touggourt è uno di questi ponti per andare verso gli altri... in modo da promuovere relazioni basate sulla stima reciproca, sul rispetto dell'altro nella sua identità religiosa e anche sul desiderio di costruire insieme un mondo migliore. Bisogna saper inventare... creare. D'altra parte l'Amore per sua natura è creativo!

Papa Francesco, nella dichiarazione comune col patriarca ecumenico Bartolomeo I, ha esortato a riconoscere l'importanza di un dialogo costruttivo con l'Islam basato sul mutuo rispetto e l'amicizia. Musulmani e cristiani sono chiamati a lavorare insieme per amore della giustizia, della pace e del rispetto della dignità e dei diritti di ogni persona. (*La ricerca comune non ci allontana dalla verità*, 25 maggio 2014, n. 7-8)

Umilmente, ma con determinazione, la comunità del Pime a Touggourt si è impegnata ad andare in questa direzione e padre Silvano ne ha aperto il cammino.

✠ *Claude Rault*

vescovo di Laghouat-Ghardaia (Sahara algerino)

I volti della Chiesa in Algeria

Chiesa d'incontro

Incontrando Papa Francesco nel marzo 2015, i vescovi delle chiese del nord africa, così hanno presentato le loro chiese: "Chiese d'incontro" attraverso il dialogo e l'ospitalità reciproca con i musulmani, le comunità dell'Africa settentrionale trovano la loro ragion d'essere nella testimonianza evangelica e nel servizio. Queste Chiese sentono di essere state inviate principalmente verso le "periferie" e sono fiere di essere viste anch'esse come "periferiche", povere, per vivere in prima linea la gioia della Buona Novella annunciata ai poveri. Camminando insieme ai popoli con cui condividono la Storia Santa da circa 1800 anni e celebrando "la gloria di Dio tra le nazioni", le nostre Chiese si vogliono anche "cittadine", ovvero membri di diritto delle società maghrebine con cui condividono il destino. Desiderano contribuire alla vita, all'edificazione della società, senza cercare né desiderare alcuna militanza politica, ma attraverso la famiglia, l'educazione, le iniziative sociali, l'impegno economico...

Meditando l'esperienza spirituale dei monaci di Tibhirine, missione vissuta come una "Visitazione", vediamo che «Elisabetta ha liberato il Magnificat di Maria». Allo stesso modo, tutti gli incontri veri consentono una comunione in cui si manifestano i tesori portati da chi s'incontra. L'evangelizzazione perciò non è per nulla proselitismo ma un cammino d'incarnazione vissuto fino all'estremo, un consenso tanto più esigente essendo chiamati a vivere nella privazione, a volte nelle avversità. Seguendo Maria noi impariamo a passare dall'efficacia alla fecondità, attraverso il cammino dell'incontro che è «il nostro cammino missionario».

Nasce la speranza che conduce «a una pace attinta dal Cuore stesso di Cristo, che raggiunge le aspirazioni dei popoli con i quali camminiamo, ci invita a tener fede, con gioia e speranza, al nostro dovere di preghiera e servizio, là dove lo Spirito ha voluto condurre i nostri passi, e che rinnova ogni giorno il nostro desiderio di operare per il Regno, adattando i nostri mezzi all'oggi di Dio».

Chiesa-cattedrale del deserto

Il vescovo, Claude Rault ha scritto il libro *Deserto, mia cattedrale*. In una intervista ha detto**:** La diocesi di Laghouat comprende tutta la parte sahariana dell'Algeria, confinando con il Mali, il Niger, la Mauritania, il Marocco, la Libia e il sud della Tunisia, oltre che con il Sahara occidentale. Nel territorio della diocesi rientra pure Tindouf, nei cui campi vivono 150.000 rifugiati sahrawi da più di 30 anni. "A Tindouf gestiamo due programmi: uno nutrizionale a favore delle donne soprattutto delle puerpere, e uno volto a insegnare il francese, che siamo stati costretti a interrompere per ragioni interne alla situazione dei campi" ricorda il Vescovo. La comunità cattolica è composta da 100-150 persone, distribuite su un territorio di due milioni di km2, per una popolazione complessiva di circa 4 milioni di abitanti. "La presenza cattolica - spiega mons. Rault - è formata da piccole comunità che vanno da un piccolo convento con 3 religiose o religiosi ad una comunità al massimo di una trentina di persone. Le nostre relazioni sono sempre in funzione del mondo musulmano che ci accoglie. Le nostre religiose ad esempio, insieme a donne algerine musulmane, sono impegnate in una serie di attività a favore delle donne: dai corsi di cucito e ricamo alle attività a favore delle famiglie dove sono presenti persone handicappate. Aiutiamo infine alcune associazioni nella creazione di asili". "I religiosi gestiscono alcune biblioteche: una grande biblioteca di studio sul Sahara, frequentata da ricercatori, e due biblioteche che prestano libri agli studenti, ai quali offriamo pure un aiuto linguistico in francese, inglese, italiano e spagnolo" afferma mons. Rault. "La figura di Charles de Foucauld è ancora ben presente nel Sahara – prosegue il Vescovo -. Ci sono diverse comunità contemplative di Petits Frères de Jésus, di Petites Sœurs de Jésus, di Petites Sœurs de Sacre Cœur, ecc.

Chiesa carrefour

Il vescovo Claude Rault al sinodo dei vescovi per l'Africa aveva detto: "La nostra chiesa del Nord dell'Africa si trova in una posizione di carrefour geografico e umano che ci situa all'incontro dell'Europa, del Prossimo Oriente e dell'Africa subsahariana. La popolazione è composta di Arabi e di Berberi, e che sono amici di popolazioni nere nel Sud di questa vasta regione..., cosa che spesso dimentichiamo. Questa situazione di Carrefour, di mentalità, di culture, di razze e di religioni è nello stesso tempo una sfida e un'occasione propizia per la nostra Chiesa d'Africa e per la Chiesa Universale. Da Chiesa carrefour, siamo chiamati a essere una Chiesa della Pentecoste per dare sapore e luce al nostro mondo.

Chiesa della mangiatoia

Mons Paul Desfarges, vescovo di Constantine, ha scritto la sua lettera pastorale *Une Eglise dans la mangeoire*. Traduco in versi alcuni pensieri.

La nostra piccola Chiesa è nella mangiatoia

Lo Spirito e Maria ci pongono e ci dispongono

Facendo delle nostre vite doni di amore

E' anche Chiesa della Cena

La mangiatoia rinvia alla patena

Il presepio e Betlemme illuminano dolcemente

Il nostro cammino

Francesco ideatore del presepio

Incontra disarmato il Sultano

Piccola Sorella Maddalena

Vive Betlemme nel cuore

Il presepio ci mantiene liberi dalla conquista

Discreti per una grande storia di amore

Fiduciosi in chi ci accoglie

Umili e disarmati come il Bambino di Betlemme

Viviamo il quotidiano in semplicità

Senza paure e chiusure

Contando nella Grazia di ogni istante.

Chiesa della bolla di sapone

Il vescovo Claverie, ucciso nel 1996, racconta: "La mia educazione è avvenuta dentro l'amore esemplare della mia piccola e grande famiglia e dentro una tradizione religiosa ben fissa. Ma era anche come vivere dentro un recinto ben protetto e chiuso, dentro una bolla di sapone. Membro di una famiglia francese, avevo vissuto la mia infanzia in mezzo a un popolo di algerini musulmani, ignorando la loro cultura e la loro religione". Poi la bolla si aperse e cambiò stile di vita fino a dare la sua vita. Molti pieds noirs vivevano dentro la bolla di sapone.

Chiesa nel cortile dei gentili

Un tempo a Babilonia gli esuli di varie provenienze si confrontavano sul loro Dio. L'uno diceva all'altro: "Deve essere debole il vostro Dio se vi lascia esuli, in paese straniero" ... e l'altro pregava il suo Dio perché mostrasse ai popoli la sua potenza, la sua santità. Il documento *Lineamenta* di preparazione al prossimo sinodo sulla Nuova Evangelizzazione dice: "Perché l'annuncio sia efficace occorre parlare il linguaggio del nostro tempo". (22) "La vita quotidiana ci saprà suggerire dove identificare quei "cortili dei gentili" entro i quali le nostre parole diventano non soltanto udibili ma anche significative e medicinali per l'umanità" (19)

Se guardiamo e ascoltiamo bene nei nostri ambienti, diventati ormai, "cortili dei gentili", Dio non è morto. E' vivo "nelle attese e nelle ansie degli uomini d'oggi... nella ricerca di senso e nella sete di verità" E' vivo nella bontà e onestà di tanta gente che non fa rumore, di qualsiasi religione e cultura. Domenica 30 settembre Benedetto XVI ha ricordato ciò che diceva

Sant'Agostino: "Come nella Cattolica - cioè nella Chiesa - si può trovare ciò che non è cattolico, così fuori della Cattolica può esservi qualcosa di cattolico". "Gesù - continua il papa - insegna ai suoi discepoli che Dio può operare cose buone e persino prodigiose anche al di fuori della loro cerchia, e che si può collaborare alla causa del Regno di Dio in diversi modi, anche offrendo un semplice bicchiere d'acqua..." E don Bruno Maggioni: "Gli autentici amici di Dio godono della liberalità dello Spirito e riconoscono le sue manifestazioni, dovunque avvengano: riconoscono il bene dovunque venga fatto, e ne godono".

Charles De Foucauld ci dice come vivere oggi nei 'cortili dei gentili': "Il mio apostolato deve essere quello della bontà. Vedendomi, si deve dire: *"Poiché quest'uomo è buono, la sua religione deve essere buona...Vorrei essere buono abbastanza perché dicano: Se tale è il servo, come deve essere il maestro!?" Come essere apostolo? Attraverso la bontà, la tenerezza, l'affetto fraterno, l'esempio della virtù, l'umiltà e la dolcezza. Con alcuni... senza dire una parola di Dio, né della religione, pazientando come Dio è paziente, buono come Dio è buono, essere un fratello tenero. che prega. Con altri...parlando di Dio per quanto è possibile. Ogni cristiano deve guardare ogni essere umano come un fratello amorevole. Vedere Gesù in ogni umano e agire in conseguenza: bontà rispetto amore, umiltà, dolcezza... e fare per lui più che per me."*

Chiesa della gioia

Parecchi mi hanno raggiunto, anche per telefono, per compiacersi della bella notizia che avevo dato con la cartolina ***Quando vi si mette Maria***. La gioia più bella è quando celebro con le Suore e con quelli che chiamo ***Cristiani del***

Gas e del Petrolio (anche qualche cristiano algerino) e quando li vedo dedicarsi durante la settimana a risolvere le ultime sistemazioni della casa. E' una fortuna immensa poter dedicarsi a questo luogo di preghiera in una città dove esiste solo lavoro e lavoro. E tutt'attorno... centinaia di km di deserto. Ora sto pensando alla cappella che necessita di alcuni miglioramenti: collocazione degna del **Tabernacolo** e della **Signora delle Sabbie**. Chi vi entrerà deve poter sentire gioia e commozione e avvertire che c'è Qualcuno. Qualcuna che lo aspetta.

Eccovi qualche lettera arrivatami via internet:

Sono felicissima nel sapere che le suore sono arrivate a Hassi Messaud. Augura a loro da parte mia buona missione li dove il Signore le ha volute. Dopo 8 anni di presenza in Algeria posso dire di essere, come agli inizi INNAMORATA di questo popolo e di questo paese. La missione é tutta da scoprire e la vita é bella perché illuminata dalla passione che ci fa vivere con loro i nostri fratelli e sorelle musulmani nelle fratellanza. Che la Vergine delle sabbie vi benedica.

Un forte abbraccio a tutte voi sorelle, mi comunicherete i vostri nomi cosi che la mia preghiera vi raggiunga personalmente...Suor Flora Ferrario. NDA

Caro Silvano, che bella notizia leggo nella tua "cartolina"! Finalmente le suore sono entrate in Algeria e vivono nel deserto dove don Emanuele aveva preparato la chiesetta e la casa. Sono contento e ringrazio anch'io "Nostra Signora delle sabbie" di questa gioiosa notizia, in un mare di notizie negative che ogni giorno ci arrivano da tante parti. P. Gheddo

Chiesa del dolore

Anni '80, di sofferenza buia. Henri Tessier, vescovo di Algeri in una meditazione evoca Maria e dice: *"Quando il popolo soffre, è già molto essere qui, per portare adesso insieme questa sofferenza. Per fare qualcosa non dobbiamo aspettare che i difficili avvenimenti che viviamo siano passati… E' in un momento analogo che Gesù va oltre la propria sofferenza. il grido della disperazione con un gesto di affetto filiale e di amicizia fraterna: "Ecco tua madre… Ecco tuo figlio". E' il piccolo gesto della tenerezza umana. All'apparenza non è adeguato al dramma…eppure annuncia l'avvenire".*

Chiesa che ricorda il passato

A Ouargla c'è un museo curato dal missionario Padre Denys Pillet che conserva molti documenti assieme a manufatti di grande valore archeologico e storico. Si può leggere che *"nel 1891 nella piazza del grande mercato, un maschio comprato a Touat al prezzo di 400 e 500 franchi era venduto a 600 e a 800 franchi. Le donne e i bambini avevano un prezzo migliore. L'ultima carovana di schiavi fu arrestata dai militari nell'ottobre del 1912. Vi erano 49 schiavi di cui 8 uomini, 13 donne e 28 bambini".*

Il giornalista Abdelkrim Djigali nel diario a puntate di un gruppo di turisti *Les Chercheurs de desert* sul giornale El Watan riporta questo commento: *"Una pagina (*quella del museo di Ouargla*) oscura e terrificante…Non vedevo più che strade di sangue, seminate di cadaveri. Davanti ai miei occhi sfilavano decine di schiavi affamati, incatenati fino all'osso. Molti non sono mai arrivati al vecchio mercato di Ouargla".* Pagine di storia come queste non devono essere dimenticate se vogliamo un mondo migliore e che non si ripetano più.

Chiesa delle strade del dolore

Purtroppo a Tamanrasset, alla frontiera del Niger queste strade di dolore, occupate da Africani in viaggio verso l'occidente, ci sono ancora. E' l'opera dei nuovi schiavisti che succhiano il sangue dei loro fratelli. Li caricano su camion, li sfruttano all'inverosimile e li abbandonano sul deserto.

Il vescovo Claudio visita spesso Tamanrasset, luogo d'arrivo di chi attraversa l'Africa per raggiungere "il paradiso occidentale". Scrive: *"Questi migranti negli incontri quasi quotidiani, in casa nostra, nel luogo di preghiera, coi loro canti di lode, i loro gridi verso Dio, ritrovano e manifestano la loro dignità di uomini e di donne. Altrove non è possibile. Per strada spesso sono aggrediti, nei loro rifugi non sono sicuri. Qui sono pienamente loro, figli di Dio, al quale chiedono aiuto e dicono il loro grazie"*. Chiedo a Bakita, la santa schiava del Sudan, di ottenere presso Dio di asciugare e di fermare tante lacrime di dolore.

Chiesa dell'esodo

La settimana scorsa ho vissuto due giorni a Wargla con la piccola comunità cristiana: preti, suore di varie nazionalità, studenti, operai cristiani del Burundi e del Cameroun. Riflettevamo sul libro dell'Esodo e ci chiedevamo come stavamo vivendo il nostro esodo in mezzo a gente di lingua, cultura e religione diversa. Sì... perché siamo tutti e sempre in esodo. Non solo i preti e le suore ma anche gli studenti venuti con borse di studio e gli operai in cerca di lavoro. L'Algeria offre una buona accoglienza a tanti studenti di tutto il mondo e a operai che vengono con i documenti in regola. Interessanti le testimonianze che ci siamo scambiate. Il cammino fatto dagli Israeliti dall'Egitto alla Terra Promessa, le difficoltà superate, l'accompagnamento di Dio e il dono delle leggi dell'Alleanza sono stati gli elementi riscontrati ancora attuali. Anche oggi il sogno di tutti è la libertà che si può trovare e vivere solo con l'aiuto di Dio e quando gli si è fedeli al suo amore. Gli studenti e gli operai hanno raccontato il disorientamento iniziale nel trovarsi in un paese diverso ma poi presto superato grazie all'accoglienza degli algerini. "Pensavo di trovare dei nemici, disse uno, invece ho trovato dei musulmani a me vicini e attenti alla mia persona, interessati a conoscere la mia cultura, favorevoli al dialogo e all'amicizia" Un altro: "Ora scopro che Dio mi ha condotto in Algeria per rendermi conto delle ricchezze religiose e culturali di questo paese. Capisco che Dio vuole che i popoli si conoscano e creino delle relazioni di collaborazione. La mia vita in questo 'Esodo' sta aprendosi. Avevo paura all'inizio, ora mi sento rassicurato…!" Un giorno queste persone, tornate al loro paese con diplomi importanti e forti esperienze, assumeranno delle responsabilità. saranno operai di pace e di fraternità. Ieri, celebrando la messa ad Hassi Messaud, città petrolifera, ho vissuto la stessa esperienza con tecnici di varie nazionalità. Dio ci sposta da un paese all'altro, da una cultura ad un'altra, dalla nostra famiglia a gente sempre nuova. E scopriamo che in tutto e in tutti c'è sempre Lui che accompagna e che ci fa incontrare perché vuole un mondo unito. E' meraviglioso pregare insieme e sentirsi fratelli! Uno di loro aveva appena salutato la mamma defunta e aveva raggiunto il suo posto di lavoro, lì in zona di deserto. Anche lì sentiva l'affetto e l'accompagnamento degli amici, di Dio e della Nostra Signora delle Sabbie.

La chiesa del marciapiede

A mia sorella religiosa che mi tempesta di domande: "Che apostolato fai? Quanti ne converti? Rispondo che il mio pulpito è sul marciapiede. Il card Martini ha scritto: «Occorre guardare non tanto, in modo generico, all'Islam in quanto religione e tradizione (della quale, fra l'altro, sappiamo ben poco), ma all'uomo islamico come lo incontriamo nelle nostre città. E da questo rapporto che nasce il dialogo. È da questo riconoscimento fraterno che nasce un cammino di pace, nella realtà quotidiana».

Il taxi mi lascia davanti alla porta della mia casa. Apro, saluto Gesù Eucaristia, solo come me, e gli dico che ci faremo buona compagnia. Guardo il termometro: 41 gradi. Dico tra me: «Sabrun bab ge'na» (la pazienza è la porta del Paradiso). Poi, tornando dalla polizia, saluto la gente. Alcuni anziani mi dicono: «Passa spesso di qui e resta un po' con noi». È sempre sul marciapiede che vivo i miei incontri. Il Papa in Germania ha detto: «L'umiltà è l'olio che facilita il dialogo». Riprendo il mio stare accanto a questa popolazione con affetto e discrezione, vivendo, dice ancora Martini, «un'autentica esperienza dello Spirito Santo: lo Spirito è infatti il vincolo di unità tra i diversi e aiuta ciascuno a gridare l'Abba del cuore e della vita verso l'unico Padre di tutti».

Chiesa senza fedeli

Sequeri scrive: *«L'immagine evocata da Fratel Carlo, che si immagina come sacerdote, dove non se ne sono visti, per spezzare il pane e invitare al banchetto invitati improbabili rispetto ai soliti noti, è particolarmente commovente da leggere oggi. Da qualche tempo ci siamo abituati all'idea del sacerdote come guida e animatore di una Chiesa-comunità già formata, con tutti i suoi ministri sussidiari, i suoi laici impegnati, le sue iniziative caritative e culturali, che quasi abbiamo rischiato di dimenticarci che dove un cristiano si trova a vivere la sequela e l'imitazione del Signore, la Chiesa è già arrivata. E dovunque un sacerdote vive sinceramente la propria vocazione al discepolato come ministro ecclesiastico dell'Evangelo in seno alla condizione umana, la Chiesa ha già incominciato ad agire formalmente nella successione apostolica della confessione della fede, dell'ospitalità evangelica, dell'annunzio della salvezza, della speranza di riscatto, delle opere di* agape».

Sequeri conclude: *«Un sacerdote, un religioso, un cristiano, non sono mai senza Chiesa. Al contrario, i luoghi dell'umano che rimangono senza Chiesa sono sempre molti. Non basta che la Chiesa viva la sua vita, nei luoghi in cui abita l'uomo. Né è sufficiente che essa viva la vita di coloro che la abitano già. È necessario che essa mostri di saper vivere la vita di coloro che abitano ai confini della sua: anzi, che essa viva proprio la vita di coloro che non la abitano per nulla. E forse non arriveranno ad abitarla, su questa terra, con la comprensione e la libertà che sono necessarie affinché siano onorate insieme – secondo la limpida intenzione di Dio, significata da Gesù – la qualità del discepolo e la dignità dell'ospite»* (Cruz Oswaldo Curuchich Tuyuc *Charles de Foucauld e René Voillaume*, Cittadella Editrice, p. 157).

Sopra la cupola della chiesa di Touggourt, oggi affidata ad una associazione musulmana, è rimasta anche la piccola croce, segno dell'amore di Gesù per i suoi discepoli.

Chiesa della piccola vita di Nazareth

Per capire come vivono e che cosa vogliono i Piccoli Fratelli a Tamanrasset, leggiamo alcuni testi ispiratori meditati scritti da Fr. Carlo sull'evangelizzazione, l'imitazione di Gesù e sulla vita in fraternità.

Nel libro *Questa piccola vita di Nazareth che sono venuto a cercare* di Antonella Fraccaro troviamo lo studio sui testi di Fondazione di Fratel Carlo.

L'amore che scaturisce dall'imitazione di Gesù di Nazareth deve raggiungere soprattutto "i paesi di missione" perché Dio sia conosciuto "da quelli che lo ignorano" in modo particolare nella presenza eucaristica e non nella forma della predicazione orale. Il modo di evangelizzare è anzitutto sperimentato e vissuto in fraternità. Da lì la necessità di svuotarsi per lasciar "vivere" in sé Gesù, lasciarlo "proseguire" e "continuare la sua vita", lasciarlo "compiere" in sé ciò che manca alle sue sofferenze, lasciarlo "glorificare" il Padre, fino a dire con S. Paolo: "Vivo, ma non sono io che vivo, è Gesù che vive in me".

Lo stile di imitazione della vita di Gesù di Nazareth dovrà essere garantita da una vita di povertà, vissuta in fraternità. ...Questa povertà alimenta la carità come stile vi vita sobria, essenziale, vissuta solo per Dio e contribuisce a diffondere il suo amore che scaturisce dalla presenza silenziosa dell'Eucaristia, per mezzo della sua irradiazione e adorazione".

Chiesa dell'accoglienza

Lo Spirito abitante nel cuore dei credenti li rende capaci di amare Dio e i fratelli con la stessa carità e le stesse caratteristiche che sono in Dio. Non si tratta di un gesto puramente esteriore, ma è accoglienza del cuore che si estende alla totalità dell'essere con la sua originalità e con i suoi limiti.". (Da Fondazione Migrantes - Servizio Migranti 5/02)

Chiesa della fedeltà

Una mattina, prendendo il caffè, ho sommato gli anni di presenza in Algeria delle quattro Piccole Sorelle di Touggourt: **194 !**. Due di loro hanno la nazionalità algerina e tutte vogliono camminare ancora...

"Che cosa ci lascerai dopo la morte, dato che non hai niente?" chiede una compagna di lavoro nell'artigianato alla Piccola Sorella Virginia. "Si, ho capito, potresti lasciarci il tuo anello". Aveva capito che l'anello era il suo si di tutti i giorni a Dio e ai fratelli.

Di loro, mons Marangon, noto biblista trevigiano che le ha seguite nel loro cammino spirituale in varie parti del mondo, in occasione dei 70 anni vissuti in Algeria e a Touggourt, scrisse: *"Sono debitore di tanta luce per l'eredità evangelica che si vive presso di voi... Voi assicurate al "Vangelo di Nazareth" il valore di segno. Prego il Signore... perché abbiate il coraggio (eroico) di essere fedeli alla gratuità del "segno di Nazareth...Vi ringrazio pure di un'altra nota tipica della vostra identità vocazionale: quella di pregare e di offrire ogni giorno la vostra giornata al Signore "per i fratelli (anzitutto) dell'Islam (e poi anche) del mondo intero!"*

Chiesa dell'amicizia

«Non mi si dica che l'amicizia è impossibile tra uomini di condizioni, di razze, di confessioni diverse», dichiara Mons Duval il giorno della sua entrata nella cattedrale di Algeri. Lo stato algerino offre a mons. Duval la nazionalità algerina nel 1965. Alla sua morte, nel 1996, vengono celebrato funerali di stato.

Nell'ottobre 1939 piccola sorella Magdeleine, a 41 anni, si rende a Touggourt, piccolo villaggio dell'est algerino...Incoraggiata dal vescovo del Sahara, fonda, in mezzo ai nomadi, una famiglia religiosa che è dedicata loro... Ha bisogno del loro aiuto, ed il suo progetto diventa il "loro affare" Comincia allora un'amicizia straordinaria. Quest'amicizia, è l'"evento fondatore"... Piccola sorella Magdeleine vi riconosce la mano di Dio, chi si dà a noi nelle nostre relazioni umane, in tutti i nostri gesti d'alleanza... In quest'amicizia, possiamo riconoscere lo "stile" di Gesù a Nazareth... uno stile che ha conquistato piccola sorella Magdeleine e che gli farà condurre a termine alcune intuizioni di Charles de Foucauld... Ella diceva: "Vorrei che crediate che ci può essere un'amicizia vera, un'affezione profonda" tra esseri che non sono né della stessa religione, né della stessa razza, né dello stesso mezzo...occorre che il vostro amore cresca e si sfumi di squisitezza. L'amore generoso si trova facilmente, ma l'amore delicato e rispettoso di ogni essere è raro. Il musulmano che accolse la Piccola Sorella Maddalena a Touggourt mi disse: «L'amicizia che abbiamo condiviso è un'amicizia divina. È Dio che ha voluto tutto quello che abbiamo vissuto insieme".

Chiesa dell'amicizia contemplativa

Per i Piccoli Fratelli il vangelo è vissuto nel servizio, nell'accoglienza, nel dialogo, nell'amicizia coi Tuareg e nell'adorazione del Signore, sempre, nel piccolo oratorio della loro casa di sassi e di fronte al creato. Questa spiritualità, dicono, ci invita a metterci al seguito di Gesù di Nazareth in una vita di comunione con il Padre e di condivisione concreta con i poveri, gli emarginati e i lontani per "gridare il Vangelo con la vita". Nelle altre fraternità, i Piccoli Fratelli si lasciano accogliere dai poveri nei loro quartieri. A Spello, in Italia, accolgono chiunque desideri condividere la loro vita.

A proposito di Spello, mi raccontano di Fratel Carretto che dopo la sua intensa attività ecclesiale si ritirò in Algeria dove si era interessato di pluviometria e aveva installato molti strumenti che abbiamo visto anche noi durante il viaggio. Poi a Spello passò gli ultimi vent'anni della sua vita.

Prima di entrare nel luogo di preghiera di Spello, oggi trovi una tavola con questa iscrizione:

Se quando si immette la mano nel catino dell'acqua, Se quando si attizza il fuoco, Se quando si è al tavolo di contabile, Se quando si è immersi nella risaia. Se quando si è alla fornace, Non si realizza la stessa vita religiosa. Che se si fosse in preghiera in monastero, Il mondo non sarà mai salvo. ***Gandhi***

Chiesa del turismo

Ho raccolto questo sfogliando un po' il quaderno delle testimonianze che la gente lascia scritte all'interno dell'eremitaggio di Fr. Carlo.

Vi vedi tutti i caratteri di tutte le lingue del mondo. Ogni scritta ti fa sentire chi è musulmano, cristiano, indù, buddista, ateo, in ricerca, ecc. Ma in tutti senti una sola cosa: La gioia di sentirsi lì e la sorpresa di avvertire una grande novità nell'esistenza. Ne trascrivo solo due: *"Non sono credente, ma oggi sono arrivato qui all'Assecrem. Ho letto qualche parola di Charles de Foucauld. Mi sento vicino a Dio e all'anima, alla grande anima, all'uomo, al santo. All'assecrem ho toccato con mano la grandezza dell'universo. Ne sono affascinato." H.H. "Come non pensare al creatore universale davanti a tanto splendore. Un paesaggio lunare, una vista magica che porta all'umiltà. Sufficiente per ricordare all'uomo che non è polvere e che deve tutto a Dio. Sufficiente per vivere felice". M*

Chiesa del dialogo

Si può dialogare ognuno seduto sulla propria sedia, dirsi i propri valori e le proprie certezze e restare ognuno nelle proprie convinzioni. E'già importante perché più si cresce nella conoscenza dell'altro e meglio si vivono il rispetto e la stima. Ma il dialogo va più in profondità. Giovanni Paolo II diceva: *"Mi domando se non sia già urgente, soprattutto oggi, che cristiani e musulmani entrino in un periodo nuovo della storia, di riconoscere e sviluppare i legami spirituali che ci uniscono".*

Chiesa della presenza donata

Max Thurian : *" E' necessario che la Chiesa assicuri a fianco dell'Islam una presenza fraterne di uomini e di donne che condividano il più possibile la vita dei musulmani, nel silenzio, nella preghiera, e nell'amicizia. Così si preparerà a poco a poco quello che Dio vuole nelle relazioni tra Chiesa e islam".* M.Th. Tradizione e rinnovamento dello Spirito, Ave, Roma 1979, p. 16

"La vostra presenza non si limita solo alla relazione creata dal vostro insegnamento e dal vostro aiuto. La vostra presenza ha superato tutto ciò. È più profonda. La vostra presenza in questa terra e in mezzo a questo popolo ha superato tutto questo poiché una parte di voi ci appartiene. Non si può esistere da nessuna parte senza appartenere in qualche modo all'altro. Molti algerini musulmani condividono con me quest'idea e queste sensazioni. Non siete qui per un conflitto religioso o politico - benché molti lo credano - e non voglio arrestarmi a questa considerazione. Se volete andare al fondo della vostra nobile missione, dovete vivere qui con noi pienamente. Pierre Claverie ha scritto: "Chiamati a vivere in Algeria, dobbiamo considerarci come donati al popolo algerino"». (Nadia, guida musulmana dei turisti e dei pellegrini a Tamanrasset)

Chiesa della Madonna delle sabbie

Entrando nella chiesetta della Nostra Signora delle Sabbie, mi sono commosso pensando a quanti, algerini compresi, hanno dato lavoro, mezzi e competenza perché ad Hassi Messaud, accanto alla preghiera musulmana, ci sia anche la preghiera dei cristiani. Ed entrando nella casa accanto, ho pensato alle Missionarie dell'Immacolata che attendono il visto per l'Algeria da oltre due anni, per assicurare anche la loro presenza di preghiera, di accoglienza e di servizio.

Celebrando la messa con i tecnici delle società petrolifere ho ringraziato il Signore per questa "chiesa-presenza", frutto di fede e di tanto amore.

Accanto all'altare ho trovato una preghiera, lasciata da un cristiano sopra un ricamo con la scritta PGR (per grazia ricevuta). Ve la scrivo perché anche voi preghiate per quanti si adoperano affinché si possa usare ancora della ricchezza della natura, del petrolio e del gas, nascosti sotto la sabbia.

Oh, Nostra Signora delle Sabbie, a te ci rivolgiamo noi uomini resi aridi nei sentimenti, dalla lontananza dai nostri cari.

A te ci rivolgiamo, noi uomini resi duri dal pesante lavoro del deserto.

Stendi su di noi e sulle nostre famiglie il tuo manto benedicente.

Proteggici ed aiutaci a perseverare nella nostra fede.

Oh, tu Signora delle Sabbie, volgi il tuo sguardo amorevole sugli ammalati, infondi loro la speranza della guarigione, consolali nella loro malattia.

Oh, Nostra Signore delle Sabbie, a te ci rivolgiamo, noi poveri peccatori, a te rimettiamo le nostre mancanze. Perdonaci, consolaci, aiutaci ad affrontare le avversità della vita.

Infine, Madre Santa, poni ai piedi di Gesù, tuo Figlio e nostro Signore, le nostre pene, le nostre miserie e le nostre speranze. Amen!

Ora le suore sono già presenti.

Chiesa contro le torture

Mons. Paul Desfarges, vescovo di Costantine, descrive in una lettera il percorso della Chiesa in Algeria durante la guerra di liberazione, le parole coraggiose dell'allora arcivescovo di Algeri, il cardinale Etienne Duval, contro la tortura, la vicinanza fraterna e rischiosa dei cristiani al fianco degli algerini nella loro lotta per l'indipendenza che ha rafforzato i legami di sempre della Chiesa con il suo popolo. «La Chiesa nel momento dell'indipendenza ha detto ancora "sì" alla sua vocazione di essere Chiesa per tutto il suo popolo d'Algeria».

Chiesa del grembiule

Il vescovo Tonino Bello definiva la sua Chiesa: *La Chiesa del grembiule*. La nostra maniera di essere deve essere marcata dallo stesso comportamento di Gesù che ha detto: "In mezzo a voi sono come colui che serve" (Lc22,27) Come ogni Chiesa, anche la nostra Chiesa è una chiesa diaconale, serva dell'umano in tutte le nostre opere. (Paul Desfarges, vescovo di Constantine)

Chiesa dell'unica acqua

Frère Christian, il monaco ucciso assieme ai suoi compagni a Tibherine, aveva un amico musulmano e con lui viveva lunghi momenti di dialogo e di amicizia. Ma dopo un periodo in cui era stato tanto occupato e aveva diradato gli incontri, si sentì richiamato all'ordine: «È da tanto tempo che non abbiamo più scavato il nostro pozzo!». Si capivano bene, tanto che *frère* Christian gli chiese: «E in fondo al nostro pozzo, cosa troveremo? Acqua musulmana o acqua cristiana?». L'altro gli disse: «Lo sai bene che in fondo al nostro pozzo c'è l'acqua di Dio».

Chiesa dello Spirito Santo

In un inno allo Spirito Santo leggo: "Lo Spirito ritmerà la fraternità".

Quando trovo la parola *ritmo* non posso dimenticare quello che ho vissuto in Camerun durante le feste. Al centro c'era sempre il tamburo e questo per ore e ore. Varie volte, anche durante le liturgie, vidi qualcuno togliere bruscamente il tamburo al battitore perché non sapeva dare il giusto ritmo. C'è anche un proverbio che dice: "Non si affida il tamburo a uno stolto!". Infatti il ritmo è l'anima della festa. Se il ritmo non è perfetto, tutti sono infastiditi e insoddisfatti.

Puoi vedere mille e più persone muoversi tutti insieme. Da lontano, anche a dieci km di distanza, puoi sentire il ritmo sordo profondo: lì c'è una festa!

La frase "Lo Spirito ritmerà la fraternità" mi ricorda l'ultima frase che ci ha lasciato scritta p. Denis Pillet, un Padre Bianco prima di ritornare in Francia dopo 64 anni di vita in Algeria.

"Quando papa Giovanni Paolo II disse: - Ogni preghiera autentica appartiene allo Spirito Santo che è nel cuore di ogni uomo. E per trovare la pace è necessaria la preghiera di tutti-.

P. Denis dice che siamo in piena situazione evangelica e si augura che chi resta in Algeria abbia il coraggio di inventare la sua strada nella fedeltà ecclesiale allo Spirito che soffia dove vuole. Dove c'è vera preghiera lo Spirito agisce, forma i cuori all'incontro con Dio e col fratello.

L'avventura dell'incontro con l'altro di ogni cultura o religione non è solo un'avventura umana. Il primo a crederci e a impegnarsi è lo Spirito Santo.

Chiesa che ama l'Algeria

Adatto a me stesso il discorso di P. Teissier, arcivescovo di Algeri, ai 35 nuovi arrivati in quest'anno, e mi dico: "Mettiti bene in testa che qui non hai più le 'folle' cristiane come in Camerun!". In Algeria c'è qualche migliaio di cristiani stranieri e qualche decina di cristiani algerini che in più sono di cultura araba, "berbera", musulmana e senza una antica e solida cultura cristiana, come per i cristiani delle Chiese del Medio Oriente. Bisogna scoprire la missione che Dio ci ha affidato: essere Chiesa di tutto il popolo, anche se il popolo è musulmano. Si tratta quindi di scoprirvi degli amici e dei fratelli. Non è il numero che conta, ma la qualità del rapporto.Non basta amare la Chiesa d'Algeria, ma è l'Algeria che va amata, e quindi gli Algerini. Ciò comporta uno sguardo che sappia capire l'Islam e rispettarlo come religione del popolo al quale siamo inviati. Si ama l'Algeria nelle persone che incontriamo. Questo è prioritario: partire dall'amicizia e mirare all'amicizia inserendosi nel tessuto della vita, in qualche centro d'interesse come l'assistenza scolastica, le biblioteche, la formazione dei giovani, delle donne...Per avvicinarsi, bisogna saper entrare nella cultura. La conoscenza della lingua e della religione non basta, perché la cultura è più vasta. Cultura è anche cucina, musica e canto, "sport", letteratura e tradizioni della vita quotidiana. Occorre saper relativizzare le difficoltà, le propagande, le violenze e gli scoraggiamenti del paese. La missione è anche missione di speranza.

Chiesa dei 19 martiri dell'amore

Durante gli anni '90 furono uccisi 19 religiosi.

In una omelia Christian de Chergé aveva detto: *"Si dovette attendere Massimiliano Kolbe perché la Chiesa riconoscesse il titolo di martire a una testimonianza che fu più di carità che di fede. In realtà anche nella definizione classica del martirio assieme alla testimonianza di fede si parla anche di virtù".*

Il martirio dei monaci è fedeltà a un popolo come quello di Gesù per l'umanità. Nell'ultima cena Gesù fece dono della vita che visse poi sulla croce. Anche nei monaci ci fu offerta della vita e il sacrificio. Christian diceva: *"Non sarà l'Emir Sayat a prendermi la vita, perché l'ho gia donata".*

Il martirio dell'amore include il perdono che è dono perfetto. Il martirio dell'amore rende vivo e tutt'ora presente il mistero pasquale.

Christian spinge il suo amore per il suo popolo fino a non volere che qualcuno sia responsabile della sua morte. Diceva: *"Non voglio chiedere una tale morte. Voglio crederlo, professarlo. Non voglio e non sarei contento se questo popolo che amo potesse esser accusato del mio martirio".*

Restare a Tiberine fu solo per fedeltà a quello in cui credevano, non una provocazione.

Chiesa Signora dell'Africa, "Simbolo dell'intesa e dell'incontro"

'Nostra Signora dell'Africa' di Algeri, è stata riaperta ufficialmente alla presenza del ministro degli affari religiosi e di molte personalità algerine e francesi. Presenziava l'arcivescovo Mons. Bader che l'ha definita *"Simbolo dell'intesa e dell'incontro*" e sorella di "Nostra Signora della Guardia di Marsiglia". Queste due 'Signore' divise dal mare, come delle buone mamme, si trasmettono gioie e dolori a riguardo dei figli che osservano e accompagnano dall'alto delle colline.

La ricostruzione e lo splendore odierno della "Signora Africa", come è chiamata dalla gente di qui, è il dono dell'intelligenza dei tecnici, del lavoro degli operai, dei soldi donati dai governi di Algeria e di Francia, dall'Unione Europea e da associazioni varie. E dall'affetto dei cristiani e dei musulmani che continuano a frequentarla perché amano *"Lalla Maria mamma di Gesù"*.

Chiesa delle lacrime di una madre

L'algerino Sant'Agostino nel libro delle Confessioni ci lascia scritto: *"Non è possibile che un figlio di tante lacrime perisca"*. E le tante lacrime erano di Monica e quel figlio che non poteva perire era lui stesso, Agostino. Egli tramanda anche le ultime parole di sua madre sul lido di Ostia: "Mia madre disse: - *Figlio mio, per quanto mi riguarda, questa vita ormai non ha più nessuna attrattiva per me. Cosa faccio ancora qui e perché sono qui, lo ignoro. Le mie speranze sulla terra sono ormai esaurite. Una sola cosa c'era, che mi faceva desiderare di rimanere quaggiù ancora per un poco: il vederti cristiano... prima di morire. Il mio Dio mi ha soddisfatta ampiamente, poiché ti vedo addirittura disprezzare la felicità terrena per servire lui. Cosa faccio qui?"*

Chiesa dell'ammirazione

"Dobbiamo passare dalla tolleranza alla stima reciproca... e se Dio ci dona la grazia, arrivare all'ammirazione". Card. Barbarin di Lione.

Chiesa della relazione

"Quello di De Foucauld appare un mondo sin troppo affollato di relazioni: e fitto di incessante conversazione con il suo "popolo adottivo". Impressionante è piuttosto, se si vuole, il fatto che questa continua relazione e conversazione sia perfettamente sovrapposta con una totale relazione/conversazione- apparentemente altrettanto fitta e ininterrotta- con il suo Signore. Il suo Signore è lì perché lui ce l'ha portato. E Gesù-fratello si concede a questa abitazione: cosa della quale de Foucauld non finisce di stupirsi e di commuoversi.

(...) Il mistero della viva presenza del Signore trae la sua inconfondibile evidenza di prossimità semplicemente dal fatto che è povero, semplice, 'piccolo', 'nascosto', e ridotto all'essenziale tutto il resto". (Pierangelo Sequeri *Charles de Foucauld*, Il Vangelo viene da Nazareth, VeP)

Chiesa che coinvolge e si lascia coinvolgere

«L'amicizia che abbiamo condiviso è un'amicizia divina. È Dio che ha voluto tutto quello che abbiamo vissuto insieme". Magdeleine, giunta a Touggourt, chiedeva consiglio agli amici nomadi quando preparava i testi di fondazione della Congregazione. Li ascoltava e li trovava di una grande saggezza e profondità. Una fraternità fondata assieme a dei musulmani.

Questa comunione del cuore dura da oltre settant'anni e lo ripetono: «Siamo cresciuti qui. Questa è casa nostra». Anche Gesù ha coinvolto e si è lasciato coinvolgere. Ha coinvolto il buon "ladrone" che vedendo soffrire Gesù, ha preso le sue difese. E Gesù si è lasciato coinvolgere dalla sensibilità di sua madre quando gli ha chiesto di aiutare gli sposi a Cana. Poi anche da altre persone, fino a dire: «Non ho mai trovato una fede così grande».

Chiesa dell'incontro

Mons Paul Desfarges nell'intervista rilasciata a Romilda Ferrauto durante il Sinodo della nuova evangelizzazione, ha detto: *"Siamo una chiesa dell'incontro e della fraternità. Desidero che la piccola comunità cristiana possa crescere nell'intimità dell'Islam e vicina ai veri valori dell'Islam. E' un cammino difficile ma contiamo su persone di Dio capaci di sentire che i nuovi cristiani sono persone convinte e che amano il loro paese. Si tratta di essere discepoli di Gesù, di essere evangelici. Le cose possono fare il loro cammino solamente con un eccesso di bontà. Viviamo il dialogo della vita in cui si è servi come Maria che va da Elisabetta spinta dallo Spirito santo. Le religiose, per esempio sono un segno per le giovani che vedono in loro delle persone libere che credono veramente. Possiamo parlarci francamente con altri responsabili religiosi. Ho degli amici coi quali si parla di questioni religiose. L'importante è di dirci li cose con benevolenza. Anche l'umiltà è importante come amava dire spesso la Piccola Sorella Maddalena".*

Chiesa di Betlemme nel cuore

"Guarda ... L'aspetto così semplice di tante riproduzioni del bambino non ti crei difficoltà... è l'umano sulla realtà divina. E' Dio che ti chiama a seguirlo col suo spirito d'infanzia e d'abbandono. Davanti a Dio... sentiti bambino! Davanti a Maria... abbandonati come un bambino che cerca la mamma. E ora accogli dalle sue mani il suo piccolo Gesù per tenerlo sempre con te e portarlo nel mondo col suo messaggio di abbandono umile e fiducioso, di semplicità e di amore... amore universale..." Magdeleine Hutin, fondatrice delle Piccole Sorelle di Gesù.

Chiesa della fraternità

"Non smetto di parlare e di vedere della gente, schiavi, poveri, ammalati, soldati, viandanti, curiosi". "Voglio abituare tutti gli abitanti... a guardarmi come il loro fratello, il fratello universale. Essi incominciano a chiamare la missione "la fraternità" (la Khaoua in arabo) e quanto ciò mi è caro". Charles de Foucauld

«Dio ha tanto amato gli uomini da donare loro il suo Unico: E il Verbo si è fatto fratello Fratello di Abele e di CainoFratello d'Isacco e di Ismaele Fratello di Giuseppe e degli undici che lo vendettero, "Fratello della pianura" e "Fratello della montagna". Fratello di Pietro e di Giuda e dell'uno e dell'altro in me. L'ora è venuta per Dio di imparare ciò che costa entrare in fraternità». (*Christian de Chergé, ucciso a Tibherine*)

Chiesa di Nazareth

"La Grande Chiesa non può né crescere né prosperare se le si lascia ignorare che le sue radici si trovano nascoste nell'atmosfera di Nazareth. Prima della ricerca accademica, Charles de Foucauld ha incontrato il vero "Gesù storico" e aprì così una nuova via per la Chiesa. Fu per la Chiesa una riscoperta della povertà. Nazareth ha un messaggio permanente per la Chiesa. La Nuova Alleanza non comincia nel Tempio, né sulla Montagna Santa, ma nella piccola casa della Vergine, nella casa del lavoratore. In uno dei luoghi dimenticati della "Galilea dei pagani", dalla quale nessuno aspettava qualcosa di buono. Solo partendo da lì la Chiesa potrà prendere un nuovo slancio e guarire. Non potrà mai dare la vera risposta alla rivolta del Novecento contro la potenza della ricchezza se, nel suo stesso seno, Nazareth non è una realtà vissuta". Joseph Ratzinger 1977.

Chiesa di Charles de Foucauld

In una stanza di Beni Abbes (Algeria) che conserva ancora la sua valigia-cappella, uno dei tabernacoli da lui fatti, la grata confessionale inserita in una porta, il dizionario Tuareg da lui composto e i disegni che faceva nei suoi viaggi, si possono vedere foto e scritte che riportano il suo cammino verso Tamanrasset, dove fu ucciso nel 1916. Vi invito a leggere:

L'islam ha prodotto in me un grande cambiamento. La vista di questa fede di queste anime che vivono nella continua presenza di Dio mi ha fatto intravedere qualche cosa di più grande, di più vero che le occupazioni mondane.

Voglio abituare tutti gli abitanti cristiani, musulmani, ebrei, idolatri a guardarmi come un fratello universale. Cominciano a chiamare la casa "la fraternità" (la Khaua in arabo) e questo mi è dolce.

Bisogna passare per il deserto, e restarvi, per ricevere la grazia di Dio. E' là che ci si svuota che si caccia da se tutto ciò che non è Dio.

Tutti gli uomini sono dei figli di Dio. E dunque impossibile voler amare Dio senza amare gli uomini. Più si ama Dio e più si ama gli uomini. L'amore di Dio è tutta la mia vita, sarà tutta la mia vita, lo spero.

Ecco ciò che sono venuto a fare: lavorare per stabilire la fraternità sulla terra. Fare che regni questo amore, questa fraternità che il cuore di Gesù vi ha portato dal cielo.

Faccio fatica a staccare questa vista meravigliosa di cui la bellezza e l'impressione di infinito avvicinano tanto al creatore. Nello stesso tempo la sua solitudine e il suo aspetto selvaggio mostrano quanto si è soli con lui.

Chiesa della libertà delle fedi

"La chiesa cristiana con la sua presenza continui a costruire con noi l'Algeria della libertà delle fedi e delle differenze, l'universale e l'umanità. Sarà un bel mazzo di fiori per noi e una grande opportunità per tutti e per tutte. Grazie alla chiesa di essere presente in mezzo a noi oggi. Grazie a ciascuno e a ciascuna. Grazie a voi monaci per il vostro grande cuore: continui a battere per noi, sempre presente, sempre tra noi... E ora riposino tutti in pace, a casa loro, in Algeria".

Mamma musulmana (lettera firmata. 01.06.'96)

Chiesa del silenzio

"Bisogna passare per il deserto per ricevere la grazia di Dio: là ci si svuota, si allontana da se tutto ciò che non è Dio, si libera completamente questa piccola casa della nostra anima per lasciare posto a lui solo. Ci vuole silenzio, raccoglimento, vuoto, perché Dio si stabilisca e crei lo spirito interiore. Senza questa vita interiore, anche lo zelo, le buone intenzioni, il lavoro intenso non produrranno nessun frutto. Si tratterebbe di una sorgente che vuol dare la santità agli altri, ma inutilmente, perché non ce l'ha. Dio si da totalmente all'anima che gli si dona totalmente." Charles De Foucauld

"Il Signore mi attendeva al varco... Mi sentii dire da lui: Carlo non voglio più la tua azione; voglio te. E mi trovai nel deserto, come in un secondo periodo della vita, a svuotarmi delle mie sicurezze e a liberarmi dagli idoli. E' stata la più splendida avventura della mia vita, anche se la più rude e la più dolorosa. Dal deserto le cose si vedono meglio, con proporzioni più eterne. Il cosmo prende il posto del tuo paese natio e Dio diventa davvero un assoluto. Anche la Chiesa si dilata alle dimensioni dell'universo e i lontani, cioè coloro che non sono ancora visibilmente cristiani, diventano vicini. Le dimensioni della Chiesa si allargano all'infinito e vivi il conforto di pensar che Gesù è morto per tutti con il suo sacrificio supremo". C Carretto

Chiesa del monastero di Tibhirine

"Questo è un luogo carico di storia, di cui mi sento uno degli eredi. Le pietre semplici, gli edifici sobri senza essere austeri, testimoniano di ore difficili, di vite donate a Dio e agli uomini. Quando scruto il monastero, tutto parla di questa storia che ricompongo per frammenti.

Il rapimento e l'assassinio dei sette monaci segneranno per sempre questa terra di Tibhirine, ma non ne esauriscono il senso: la storia delle generazioni che li hanno preceduti ha contribuito a forgiare le relazioni umane di oggi. Un po' alla volta, mi sforzo di capire tutto ciò che è stato vissuto qui. Non per diventare custode di un museo né tutore della memoria, bensì, in un certo senso, per essere il successore di una presenza straordinaria in questo piccolo villaggio di montagna sconvolto dagli eventi.

Tuttavia il grande impatto di Tibhirine non è legato al numero, ma soprattutto alle personalità che vi hanno vissuto e alla testimonianza che hanno dato...

Ancora oggi mi colpisce l'importanza che il monastero continua a rivestire per la Chiesa d'Algeria". Jean Marie Lassausse

Chiesa dell'Eucaristia

Si capisce meglio De Foucauld e lo si sente presente quando si entra a celebrare l'Eucaristia alla 'Fregata', sua costruzione a Tamanrasset. L'interno misura 8 metri per uno e settanta centimetri. Tutto lì. Comprende cappella (1,70 X 2,00), sacrestia e studio (1,70 X 2,00), salotto e magazzino viveri (1,70 X 4,00).

Tra il tavolino davanti alla finestra dove De Foucauld ha messo insieme i quattro volumi del dizionario della lingua Tuareg e il tabernacolo ci sono solo tre metri. Vi ha vissuto durante 12 anni con alcune soste dei viaggi in Francia e dei momenti o al fortino o all'eremitaggio.

Non aveva la possibilità di celebrare l'Eucaristia se non c'era la presenza di un fedele e in alcuni momenti non aveva neppure il permesso di conservare le Sacre Specie. Su questo cogliamo una contraddizione, ma solo apparente. In un momento dice :*"Una sola messa vale infinitamente più di tutte le altre opere che potrei fare"*. In un altro sceglie di inoltrarsi sempre più lontano per avvicinarsi ai Tuareg con l'eventualità di non poter celebrare l'Eucaristia.

Luglio 1904 – "*Oggi ho la gioia di mettere l'Eucaristia, per la prima volta in paese Tuareg, nel tabernacolo. S. Cuore di Gesù, grazie per questo primo tabernacolo tra i Tuareg. Che sia il preludio di molti altri e l'annuncio della salvezza per molti. Irraggiate dal fondo del tabernacolo sul popolo che vi circonda e che non vi conosce. Illuminate... santificate i Tuareg, il Marocco, il Sahara, tutti...! Mandate santi e tanti operai e operaie evangelici tra i Tuareg, il Marocco, il Sahara, ovunque è necessario!"*

Chiesa della preghiera

Parecchi osano chiedermi con affetto: "E tu preghi?" Lo fanno perché la preghiera è il momento più bello della vita e lo dobbiamo vivere tutti e tutti vicini gli uni agli altri.

Charles de Foucauld in Marocco, militare e lontano dalla sua fede, si sentì interrogato dall'Islam e scrisse: *"L'islam ha prodotto in me un grande cambiamento. La vista di questa fede di queste anime che vivono nella continua presenza di Dio mi ha fatto intravedere qualche cosa di più grande, di più vero che le occupazioni mondane".*

Chiesa della preghiera insieme

Incominciando un gruppo di dialogo e di preghiera insieme, cristiani e musulmani, col nome di ***Ribat*** (legame), qui in Algeria, i *sufi alawi* hanno voluto precisare: *"Non vogliamo impegnarci con voi in una discussione dogmatica. Nel dogma e nella teologia ci sono molte barriere, prodotti dell'uomo. Noi desideriamo lasciare che Dio crei tra noi qualcosa di nuovo. Ciò avviene solo nella preghiera. E' per questo che abbiamo voluto questo incontro di preghiera con voi".*

Chiesa dell'impegno comune

Ecco l'impegno comune dei membri del RIBAT: 1 - Ogni giorno ricordiamo il tema scelto perché sia per noi un legame di pace di preghiera di servizio e di fedeltà reciproca. 2 – Lasciamoci interrogare, staccarci un po' da noi, arricchire dall'esistenza dell'altro; ascoltiamolo, cerchiamo di capire la sua tradizione religiosa come la manifesta e a rispettarla come la vive. 3 – Restiamo aperti a tutto ciò che ci avvicina nel cammino della fede, condividendo la speranza di questa unità che Dio promette alle nostre differenze. Vestiamoci della pazienza di Dio in questo cammino. 4 – Con questo spirito, cerchiamo di formare dei gruppi, anche se modesti, di preghiera e di incontri tra uomini e donne sinceri e benevoli. 5 - Nelle nostre relazioni quotidiane, scegliamo apertamente il partito dell'amore, del perdono, della comunione, contro l'odio, la vendetta, la violenza che ci riguarda tutti attualmente. Entriamo nel comportamento di Dio, nella sua tenerezza e misericordia verso ogni uomo che soffre. 6 - Crediamo al dono della pace che ciascuno porta in se, per se, per il mondo intero. Impariamo a contemplarla al di là delle apparenze. Che sia per noi sorgente di gioia di fiducia e di perseveranza nel legame che ci tiene uniti.

I temi sono fissati ad ogni incontro di comune accordo a partire dalla vita vissuta.

Chiesa della speranza

Scrive Mons Tessier: "*Quando comunichiamo insieme negli stessi valori, noi prepariamo l'avvenire della Chiesa. L'avvenire della Chiesa sarà un dono di Dio. Tale avvenire non è il frutto di tattiche per cercare protettori per la Chiesa. Ciò può permettere di attraversare qualche difficoltà, ma non costruisce l'avvenire. Questo nasce quando i nostri amici ci riconoscono interessati insieme con loro su dei valori che fanno crescere l'uomo e la comunità umana. Per i credenti questi valori sono accolti come dono di Dio. Un'amica algerina della Chiesa a Orano dice: "La presenza dei cristiani, il loro sacrificio, il dono di se, la loro opera sono un conforto per chi a volte è scoraggiato. Con questo esempio vivente di Dio, noi riprendiamo fiducia. La Chiesa in Algeria ci da l'occasione di imparare a lottare perché l'umanità cresca nella giustizia, nella verità, nella libertà, nella solidarietà e la fraternità.*

Così si forma una Chiesa nuova non di soli cristiani ma anche di non cristiani che vivono coi cristiani la propria fedeltà a Dio e alla propria coscienza. Noi crediamo alla nostra responsabilità nella nascita d'un avvenire per la Chiesa".

Chiesa povera

Le Piccole Sorelle di Gesù hanno nella Chiesa la missione specifica di testimoniare attraverso tutta la loro vita il profondo senso di Bethléem: *"Per salvare il mondo, Gesù ha rifiutato tutti i modi del potere e non ha avuto altro che la forza del suo amore" (costituzione) e di Nazareth: "Inviato dal Padre per portare la Buona Novella al mondo, Gesù ha voluto annunciarla da una condizione di povertà. Gesù ha fatto di una vita ordinaria il luogo del suo incontro con il Padre, divenendo in tutto simile ai suoi fratelli. Al suo seguito, le Piccole Sorelle sono solidali nelle semplici relazioni di amicizia, condividono le stesse case, il lavoro, la precarietà e le aspirazioni".* Paolo VI.

La quarta nota della Chiesa in Algeria descritta dal vescovo Claverie: "Accettare la propria povertà come ospite, spogliata di quanto aveva e lasciarsi amare. Accogliere l'aiuto dell'altro, il consiglio, l'orientamento che nascono da una condivisione di vita e di vera comunione".

Chiesa della debolezza

Padre Tessier, arcivescovo emerito di Algeri scrisse: *"La debolezza ci ha portati ad essere ancora più fedeli alla nostra missione. Sono loro, i musulmani, che si fanno più vicini quando viviamo deboli in mezzo a loro e vengono a visitarci e chiederci di condividere gioie e pene"*

Christian Chessel, giovane Padre Bianco ucciso a Tizi Ouzu assieme a tre confratelli, aveva scritto: *"La debolezza non è in sé una virtù, ma l'espressione di una realtà fondamentale del nostro essere che deve essere ripresa, rimessa al suo posto, animata dalla fede, dalla speranza e dalla carità per lasciarci conformare alla debolezza di Cristo. Questa debolezza ben compresa diventa il linguaggio migliore per esprimere l'amore discreto di Dio agli uomini, amore pieno di discernimento, discreto come quello di chi ha voluto condividere la nostra situazione umana. Diventa un invito a creare delle relazioni di non-potenza con gli altri. Accettata la mia debolezza, capisco quella degli altri e a condividerla come ha fatto Gesù".*

Chiesa segno, sacramento

Durante la 'visita al limina' dei vescovi dell'Algeria, Giovanni Paolo II mentre pranzava con loro disse: *"In realtà voi vivete quello che il concilio dice della Chiesa: essa è un sacramento, cioè un segno, e a un segno non si domanda di far numero".* (Da *Le Chiese del Maghreb nell'anno 2000).* Al segno si domanda di essere autentico. Ai cristiani si domanda di essere autentici segni di Gesù. Essere segno.

Chiesa dell'abbandono in Dio

Padre, mi abbandono a Te, fa' di me ciò che ti piace. Qualsiasi cosa tu faccia di me, ti ringrazio. Sono pronto a tutto, accetto tutto, purché la tua volontà si compia in me, e in tutte le tue creature: non desidero nient'altro, mio Dio. Rimetto l'anima mia nelle tua mani, te la dono, mio Dio, con tutto l'amore del mio cuore, perché ti amo. E per me un'esigenza di amore, il donarmi a

Te, l'affidarmi alle tue mani, senza misura, con infinita fiducia: perché Tu sei mio Padre. (De Foucauld)

Chiesa della mitezza e del rispetto

Ai primi cristiani, l'apostolo Pietro consigliava*: "Date ragione della vostra speranza con dolcezza e rispetto. Sarà questo a toccare il cuore"*. (1 Pt 3,16) Padre Massimiliano Mizzi OFM Conv. Scrive: *"Francesco e' andato dai Musulmani con mitezza e bontà e non con la spada dell'odio ma con rispetto come ad un fratello che gli vuole bene. E' andato con il messaggio dell'amore. Il Sultano ha capito che Francesco voleva solo il bene della sua anima non di soggiogarlo arrogantemente al cristianesimo. Il Sultano che, da parte sua 'era incline alla mitezza' l'ha capito subito e accettò di dialogare con Francesco e il loro dialogo era basato sul rispetto da tutte e due le parti che, nel dialogo, è una regola fondamentale"*.

La chiesa del cuore

La ricchezza del cuore l'ho trovata dappertutto, tra gli africani di religione tradizionale del Cameroun e del Ciad, la sento ogni giorno nei musulmani che mi accostano e si confidano.

La sorgente e la spiegazione la trovo nel Creatore. E' stato lui a mettere nel cuore del mondo la bontà, la bellezza… in tutto, in tutti. Noti che l'umanità scopre e sente in se questa forza innata e vuole mantenerla viva anche nelle situazioni più difficili. E poi lo straordinario avvenne quando nel Figlio, Dio ha voluto umanizzarsi in ogni uomo, bianco, nero giallo, cristiano, buddista, musulmano…e far capire a tutti che l'esistenza è piena quando diventa un dono da donare. Da sempre ogni bontà è bontà di Dio e Dio ama nel cuore dell'uomo. Questo mantiene viva una grande speranza. La bontà non può morire. E' più forte del male, salverà il mondo, vincerà. Quando trovi bontà, ti si apre il cuore. Prima delle religioni definite tali, e anima di tutte, c'è quella del cuore. Il cristiano ha il compito di riconoscerla in tutti e diventarne il lievito.

Suor Maddalena incontra il Patriarca Athenagora e questi le chiede: "Come sta mio fratello Paolo VI?" Poi Athenagora continua: "Siamo caduti (sic)le braccia dell'uno, nelle braccia dell'altro, l'anima dell'uno, nell'anima dell'altro. Ci hanno chiesto. "Quante volte?" Risposi: "Quando due fratelli si incontrano dopo nove secoli, gli abbracci non si contano!" – E in che lingua parlavate? - Risposi: "Dopo nove secoli, è il cuore che parla… ed è inesprimibile!"

Chiesa che contempla la natura

De Foucauld scrive dall'Assecrem di Tamanrasset "La vista è la più bella che non si possa dire, né immaginare. Nulla può dare l'idea di foresta di picchi e di guglie rocciose che si ha ai propri piedi. E' una meraviglia. Non la si può ammirare senza pensare a Dio. Mi è difficile distogliere lo sguardo da questa vista ammirevole, la cui bellezza e impressione di infinito ci ravvicinano a Dio, mentre questa solitudine e questo aspetto selvaggio ci dimostrano quanto si è soli con Lui e come si una goccia d'acqua nel mare".

Fr Carlo, come altri eremiti, ha saputo rendere importante e conosciuto questo angolo della terra, che diventa luogo di incontro con Dio e coi fratelli.

Ma c'è voluto un po' di pazzia. I Tuareg dicono in proverbi: *"La verità è nascosta tra le sabbie del deserto, affinché chi la scopre sia considerato un pazzo, la mente bruciata dalla solitudine e dal sole".*

"Dio ha creato i luoghi ricchi di acqua perché l'uomo vi possa vivere ed ha creato il deserto perché l'uomo vi possa trovare la propria anima..."
"Il cielo è blu sopra le nuvole".

Chiesa di Lalla Maria

Un amico mi ferma per la strada tutto contento. "Sai, mi dice, alla mia bambina ho messo il nome più bello, Miriam!". "Perché? gli chiedo". "Perché è il nome della mamma di Ischa (Gesù)". Immaginate la mia gioia al sentire questo dalla bocca di musulmano. E uno che era con me aggiunge: "Anche mia moglie ama Maria, quella di Guadalupe, perché ha visto un film messicano che parlava di lei e ne è rimasta commossa". Quanto vorrei cogliere ogni giorno un fiore a Maria, proprio in questa terra dell'Islam. Sì, perché anche qui Maria è amata. Il Corano ne parla con venerazione, anche se non tutto è conforme ai Vangeli.

Signora Africa si fa bella

Ho rivisto pochi giorni fa la grande basilica di Algeri, una delle poche chiese aperte al pubblico. E' meravigliosa. Guarda il mare ed è vista da quasi tutta Algeri. Costruita qualche secolo fa, ha subito i danni della vecchiaia e del terremoto del 2003, e ora si sta rimettendo nuova col contributo di tanti devoti e in maggior parte dalla municipalità di Algeri che la ritiene suo patrimonio. Molti Algerini, anche musulmani, vi entrano per riposare e alcuni per presentare a Maria qualche domanda, in particolare le donne che vedono in Maria la donna madre del grande profeta Gesù. L'islam onora i suoi santi, fra questi anche Maria. Il nome della basilica è "Madame l'Afrique", Signora Africa. Il nome in Africa, e non solamente in Africa, è affermazione di identità e anche auspicio, programma di vita, realizzazione futura. E' Lei la Signora dell'Africa.

Quanto è bello cogliere questi fiori a Maria, in terra di Islam!

Nel Vangelo si legge: "C'era anche Maria!". E io posso dire: "Anche qui c'è Maria ed è amata!"

Bambole davanti all'altare di Maria

La suora che si occupa della Basilica, ha riempito e svuotato varie volte i cassetti della sacrestia di bambole che trova ogni giorno ai piedi dell'altare di Maria. Poi quelle bambole vanno ad allietare i bambini poveri e portano con loro le preghiere di tante donne, o per chiedere un figlio, o per la guarigione di un bambino o...per chissà che cosa.

E' difficile sapere come si esprimono le donne, le giovani o i fidanzati musulmani.

Solo Maria lo sa.

Allora svuoto il cuore

Vuole dire qualcosa, ma non è soddisfatta. Una suora che la vede aggirarsi nella basilica di Notre Dame di Algeri, le si avvicina e lei si fa coraggio e le chiede: "Ma Miriam capisce l'arabo? E la suora: "Si che capisce… capisce tutte le lingue!" Ah, se è così, allora svuoto il cuore".

Mio figlio è uscito dal carcere

"E' stato un terrorista, e ieri è uscito dal carcere, vengo a chiedere a Maria che lo aiuti a non ritornare su quella strada".

Sei amico di Lalla Maria

Il prete era rimasto in panne nel deserto. Come fare a trovare la benzina e come riparare il motore? Una persona si ferma, si informa, parte a cercare la benzina, si dà da fare a rimettere in sesto la macchina. Al prete che gli chiede come ricompensarlo dopo tanti sacrifici fatti per lui, risponde: "Ho capito che sei amico di Lalla Maria, sono contento di fare qualcosa per lei!"

Mia madre non aveva figli

Sono un ex insegnante molto affezionato ai Padri Bianchi e ora a voi. Mia Madre insegnava presso le Suore e non riusciva ad avere figli. Le suore hanno voluto una grande preghiera durante una messa e una preghiera a Maria la mamma del Gesù dei cristiani. Una figlia è venuta e si chiama Maria.

Chiesa del 'sì' Il nuovo arcivescovo di Algeri

Cari fratelli e sorelle, il Santo Padre mi ha domandato di essere il vostro pastore a tempo pieno. Ho detto 'sì' tremando perché conosco la mia età e voi la conoscete. Ma come per le chiamate precedenti ho detto 'sì' con fiducia mettendo il mio 'sì' in quello di Maria per servire la sua Chiesa che è in Algeria e specialmente la sua Chiesa che è nella diocesi di Algeri. Ho detto 'sì' con fiducia perché ho fiducia in ciascuno e ciascuna di voi ed è insieme che continueremo a essere testimoni della carità di Cristo e servi della speranza. Informato della chiamata del Santo Padre mercoledì 21 dicembre alle 14, la mia paura ha lasciato posto alla gioia quando ho sentito che la notizia sarebbe stata data alla vigilia di Natale mentre insieme accoglieremo il Bambino del presepe. Questo Bambino è stato dato come segno ai pastori per riconoscere il loro salvatore. Ricevo l'annuncio della novità in questo giorno come un segno che il Piccolo di Betlemme mi è dato e ci è dato come luce per la strada della nostra Chiesa. Grazie per le vostre preghiere. Per voi la mia.

+ Padre Paul Lesfarges.

Beatificazione di 19 martiri in Algeria

I cristiani vivono in Algeria come Maria, chiamata Nostra Signora d'Africa e Nostra Signora delle sabbie, col desiderio di incontrare e condividere con tutti la ricchezza della fede e dell'amore di Dio che vuole ogni uomo amato e rispettato.

Il ministro degli Esteri Abdelkader Messahel in un'intervista rilasciata a Parigi all'emittente televisiva *France 24*, ha detto: «L'Algeria ha dato il suo benestare alla beatificazione in Algeria dei monaci di Tibhirine e degli altri religiosi uccisi durante gli anni Novanta e questa notizia è stata comunicata al Vaticano».

Ora possiamo prepararci all'evento. Il fatto che la beatificazione potrà avvenire in Algeria sarà un fatto molto importante non solo per la piccola

Chiesa locale, ma anche per i tanti amici musulmani che non hanno dimenticato i religiosi che proprio in nome dell'amicizia con questo popolo hanno deciso di non abbandonarlo nell'ora più difficile, pagando con il prezzo della propria vita, questa scelta.

Sulla grave situazione degli anni Novanta, il 2 gennaio 1994, i Vescovi avevano scritto alla Chiesa in Algeria : "Camminando, con il popolo algerino siamo presi dal vortice di una crisi la cui conclusione si fa attendere. Non possiamo sapere cosa ci riserva l'avvenire...In questi tempi di incertezza, continuate a fare coscienziosamente il vostro lavoro, sapendo, con i numerosi amici algerini, che ponete le basi più sicure per l'avvenire. Noi vogliamo anzitutto rendere grazie a Dio per questa serenità e tenacia in mezzo a difficoltà quotidiane talvolta angoscianti".

Il priore di Notre Dame de l'Atlas, padre Christian Marie de Chergé, aveva scritto tre anni prima della sua tragica morte, nel testamento spirituale: "Se mi capitasse un giorno (e potrebbe essere anche oggi) di essere vittima del terrorismo che sembra voler coinvolgere ora tutti gli stranieri che vivono in Algeria, mi piacerebbe che la mia comunità, la mia Chiesa, la mia famiglia si ricordassero che la mia vita era donata a Dio e a quel Paese..."

All'annuncio del riconoscimento del martirio di questi 19 missionari da parte della Santa Sede, e quindi della loro prossima beatificazione, i Vescovi hanno scritto: "La loro morte ha rivelato che le loro vite erano al servizio di tutti: i poveri, le donne in difficoltà, i disabili, i giovani, tutti musulmani... I più angosciati, al momento della loro tragica morte, furono i loro amici e vicini musulmani, che si vergognavano si usasse il nome dell'Islam per commettere tali atti.... Queste beatificazioni sono una luce per il nostro presente e per il futuro"

Alla beatificazione dei 19 religiosi, l'Algeria si sentirà amata e più unita.

Ce lo assicura la lettera di una mamma algerina musulmana dopo l'uccisione dei sette monaci. "Dopo la tragedia e il "sacrificio vissuto da voi e da noi, dopo le lacrime e il messaggio di vita, di onore e di tolleranza trasmesso a voi e a noi dai nostri fratelli monaci, ho deciso di leggere il testamento di Christian, ad alta voce e con profonda commozione, ai miei figli perché ho sentito che era destinato a tutti e a tutte. Volevo dire loro il messaggio di amore per Dio e per gli uomini... Nostro compito è quello di continuare il cammino di pace, di amore di Dio e dell'uomo nelle sue differenze. Nostro compito è innaffiare i semi affidatici dai nostri fratelli monaci affinché i fiori crescano un po' ovunque, belli nella loro varietà di colori e profumi. La chiesa cristiana con la sua presenza tra noi continui a costruire con noi l'Algeria della libertà delle fedi e delle differenze, l'universale e l'umanità... Grazie alla chiesa di essere presente in mezzo a noi oggi... Grazie a voi monaci per il vostro grande cuore: continui a battere per noi, sempre presente, sempre tra noi...E ora riposino tutti in pace, a casa loro, in Algeria". (lettera firmata. 01.06.96)

Non eroi cristiani

Giorni fa, il vescovo di Orano, Jean Paul Vesco, ha scritto che si sente toccato profondamente nella preparazione della Beatificazione dei 19 religiosi morti in Algeria e desidera che tutto si svolga nel segno dell'umiltà. Non si tratta di celebrare degli eroi. I religiosi non si ritenevano cristiani eroi. Jean Paul Vesco era in noviziato in Francia quando fu ucciso il vescovo Pier Claverie, domenicano come lui, e si rese disponibile a partire. La stampa in questi giorni è impaziente di conoscere il decreto di beatificazione, la data e il luogo e sulla venuta del Papa Francesco in Algeria non si sa niente. Jean Paul spera che la beatificazione sia ad Orano, in Algeria, dove i religiosi erano rimasti durante la guerra civile che ha fatto 200.000 morti. Che cosa sono 19 cristiani tra 200.000 algerini e 100 Imams assassinati? Sì, si viva il momento in umiltà e che sia segno di speranza. La celebrazione sia un segno di prossimità fra comunità cristiane e musulmane secondo i legami di amicizia e solidarietà vissuti tra monaci e algerini durante la guerra civile. Non ci fu "odio della fede", ma si volle abbattere un simbolo come lo fu ultimamente in Francia per padre Hamel. Stessa cosa per i monaci di Tibherine e i religiosi. Quello che avvenne in Algeria continua oggi in varie parti del mondo. La beatificazione avviene in piena attualità e si svolgerà all'interno di un incontro interreligioso.

I Martiri

Fratel Henri Verges e suor Paule-Helene Raymond

Domenica 8 maggio 1994 due giovani armati hanno ucciso due missionari francesi nel quartiere della Casbah di Algeri: fratel Henri Verges, dei Fratelli Maristi, 64 anni, e suor Paule-Helene Raymond, 67 anni, delle Petit Soeurs de l'Assomption. I giovani hanno bussato alla porta del Centro culturale di via Ben-Cheneb, una biblioteca aperta agli studenti che lì trovavano i libri e gli spazi per lavorare, gestita dai Maristi con la collaborazione delle Assunzioniste. Suor Paule-Helene ha accolto i due giovani ed ha chiesto loro la tessera di ingresso. Alla loro risposta negativa li ha portati da fratel Henri per avere il regolare pemesso. Allora i giovani hanno puntato le armi contro i due missionari uccidendoli, quindi si sono dati alla fuga.

Fr. Henri, in Algeria dal 1969, voleva essere un amico per tutti, uno strumento di pace per l'Algeria e per il mondo: si era prodigato in particolare per aiutare le vittime del terremoto del 1980 e aveva particolare attenzione verso i poveri. Suor Paule-Helene Raymond era in Algeria dal 1964, dove aveva lavorato come infermiera, operatrice familiare e sociale. Ora prestava la sua opera alla biblioteca. Aveva scelto di restare in Algeria nonostante i rischi e gli avvertimenti: "bisogna iniziare a lottare contro la propria violenza" aveva scritto a questo proposito, e a Mons. Teissier che la metteva in guardia sul pericolo: "Padre, in ogni modo le nostre vite sono già state donate". (Fides 24 maggio 1994).

Suor Ester Paniagua e suor Maria Caridad Alvarez

Nella domenica in cui la Chiesa celebrava la Giornata Missionaria Mondiale, il 23 ottobre 1994, due religiose spagnole delle Agostiniane Missionarie sono state assassinate nel quartiere Bab El Oued di Algeri: suor Ester Paniagua, 45 anni, originaria della provincia di Leon, e suor Maria Caridad Alvarez, 61 anni, della provincia di Burgos. Le religiose erano uscite dalla loro casa per andare a partecipare alla Messa domenicale nella chiesa delle Piccole Sorelle di Charles de Foucault, poco distante, quando i terroristi che erano appostati gli hanno sparato uccidendole. Nella porta del convento è rimasto conficcato uno dei proiettili che ha raggiunto suor Ester mentre stava bussando.

Suor Ester e suor Maria erano impegnate da molti anni in opere di assistenza per bambini e anziani, in asili e ospedali. Inoltre erano insegnanti in una scuola professionale per ragazze musulmane, stimate e amate dal popolo algerino. Poche settimane prima avevano deciso di rimanere in Algeria, nonostante la pericolosità della situazione, insieme alle altre religiose della loro comunità, per essere fedeli al Vangelo, per amore del popolo algerino e per condividere la stessa situazione della comunità locale. (Fides 29 ottobre 1994)

I quattro Padri Bianchi

Quattro sacerdoti dei Missionari d'Africa, conosciuti come Padri Bianchi, sono stati uccisi a colpi d'arma da fuoco il 27 dicembre 1994 nella missione di Tizi-Ouzou, capoluogo della provincia omonima, nella regione della Cabilia, un centinaio di chilometri da Algeri: p. Jean M.Chevillard, francese, 69 anni; p. Alain Dieulangard, francese, 75 anni; p. Christian Chessel, francese, 36 anni; p. Charles Deckers, belga, 70 anni. Alcuni terroristi travestiti da poliziotti si sono presentati al convento all'ora di pranzo, chiedendo al superiore, p. Chevillard, di seguirli per firmare dei documenti. Mentre questi cercava di telefonare al commissario, che conosceva bene, è stato ucciso con una raffica di Kalashnikov. Padre Deckers è stato la seconda vittima. I padri Dieulangard e Chessel hanno cercato di allontanarsi per chiamare i soccorsi, ma sono stati uccisi entrambi dai colpi di arma da fuoco che li hanno raggiunti alle spalle.

A Tizi-Ouzou i Padri Bianchi erano impegnati a portare avanti una grande biblioteca aperta a tutti, senza distinzione di razza o religione, che per questo era un punto di riferimento per gli studenti. Tre dei missionari uccisi risiedevano in Algeria dagli anni '50, il più giovane, p. Chessel, da 2 anni.

Alcuni di loro avevano la cittadinanza algerina, tutti parlavano arabo o addirittura lo insegnavano, conoscendo anche la lingua berbera. In altre parole, "si sentivano a casa", come hanno dimostrato migliaia di musulmani che hanno partecipato ai funerali.

Suor Bibian Leclerc e suor Angel Marie Littlejohn

La sera di domenica 3 settembre 1995 due suore della Congregazione di Nostra Signora degli Apostoli sono state uccise ad Algeri, a colpi d'arma da fuoco: suor Bibian Leclerc, francese, 62 anni, e suor Angel Marie Littlejohn, maltese, 62 anni. Le religiose rientravano a casa dopo aver partecipato alla messa. Entrambe erano impegnate da 35 anni in Algeria: da 31 anni lavoravano in una scuola professionale femminile a Belcourt. Da pochi mesi avevano deciso di rimanere, nonostante i rischi. (Fides 9 settembre 1995)

Suor Odette Prevost

Una religiosa francese delle Petite Sœur du Sacré-Cœur, suor Odette Prevost, 63 anni, è stata uccisa il 10 novembre 1995 mentre usciva dalla sua abitazione nel centro di Algeri per andare a messa. Un commando di estremisti ha aperto il fuoco colpendo anche un'altra religiosa che era con lei, ma che è sopravvissuta. Suor Odette, in Algeria dal 1968, vi era tornata spontaneamente dopo qualche settimana trascorsa in Francia, in quanto amava profondamente il popolo algerino. Condivideva da molti anni la vita delle famiglie del popolare quartiere di Kouba, ad Algeri, e lavorava con generosità al Centro studi diocesano, nello spirito di Charles de Foucauld. (Fides 18 novembre 1995)

I sette monaci di Tibhirine

Verso le ore 1,30 del 27 marzo 1996, sette monaci Trappisti francesi sono stati rapiti dal loro convento di "Notre Dame de l'Atlas" a Tibhirine, nella circoscrizione di Medea, un centinaio di chilometri a sud-est di Algeri. In piena notte un gruppo di uomini armati ha bussato al convento chiedendo che l'anziano monaco ottantaduenne, che era medico, li seguisse. Al diniego dell'Abate, il gruppo ha fatto irruzione nel convento ed ha costretto altri sei monaci a seguirli.

Questi i loro nomi:

Dom Christian de Chergé, Abate (59 anni, monaco dal 1969, in Algeria dal 1971). Fr. Paul Favre Miville (57 anni, monaco dal 1984, in Algeria dal 1989). Fr. Michel Fleury (52 anni, monaco dal 1981, in Algeria dal 1985). Fr. Luc Dochier (82 anni, monaco dal 1941, in Algeria dal 1946). P. Celestin Ringeard (62 anni, monaco dal 1983, in Algeria dal 1987). P. Christophe Lebreton (45 anni, monaco dal 1974, in Algeria dal 1987). P. Bruno Lemarchand (66 anni, monaco dal 1981, in Algeria e Marocco dal 1990).

La comunità dei Trappisti ("Cistercensi della stretta osservanza") di Tibhirine è stata fondata nel 1934 da alcuni monaci provenienti dalla Slovenia e annessa all'Abbazia di Notre Dame d'Aiguebelle (Drome) in Francia nel 1937. Dopo l'indipendenza dell'Algeria, nel 1962, in un primo tempo i monaci pensarono di chiudere la comunità, ma successivamente si decise di mantenere questa presenza cristiana. I religiosi avevano ricevuto diverse minacce in passato, volte ad ottenere la loro partenza. La regione di Medea infatti è considerata una delle roccaforti degli estremisti islamici. Soltanto una settimana prima del rapimento l'Abate, pur consapevole del pericolo e in risposta all'invito formulato dalle Autorità perchè lasciassero il convento, aveva confermato all'Arcivescovo di Algeri la volontà unanime dei monaci di non abbandonare il loro "luogo di preghiera e di servizio", in ragione della loro vocazione monastica.

Come confermò l'allora Procuratore generale dei Trappisti, p. Armand Veilleux, al momento del rapimento, pur essendo stati più volte minacciati, i monaci "avevano ottimi rapporti con la popolazione locale. Per questa ragione non hanno mai voluto abbandonare la regione, per restare accanto alla gente con la quale vivono in comunione da molto tempo. Sono anche molto impegnati nel dialogo tra cristiani e musulmani. Gruppi di fondamentalisti si sono più volte rivolti a loro per chiedere collaborazione ed aiuto, ma essi hanno sempre rifiutato, come hanno rifiutato del resto anche la protezione dell'esercito algerino, nel desiderio di rimanere del tutto neutrali".

Giovedì 23 maggio 1996 la Radio marocchina "Meditarrenée internationale 1" (Medi 1) ha diffuso un comunicato in cui il Gia (Gruppi islamici armati) dichiarava di "aver tagliato questa mattina la gola" ai sette monaci Trappisti. I loro resti mortali vennero ritrovati una settimana dopo poco lontano.

L'Abate generale dei Cistercensi, p. Bernardo Olivera, scrisse un messaggio ai suoi confratelli nel mondo, invitando in primo luogo alla preghiera: per le famiglie degli uccisi, per i cittadini dell'Algeria, per i cristiani e le cristiane della Chiesa di Algeri già tanto provata, per i religiosi e le religiose assassinati negli ultimi due anni. "Siamo profondamente commossi da quello che è successo ai nostri fratelli - scrisse l'Abate -. Ci lasciano una testimonianza incredibile, quella del Vangelo vissuto fino in fondo, quella delle Beatitudini".

Rispondendo all'invito del Premier francese Juppé rivolto a tutti i suoi connazionali, perché abbandonassero immediatamente l'Algeria, l'Arcivescovo di Algeri, mons. Henri Teissier, dichiarò: "Noi non tradiremo l'eredità di abnegazione e di sacrificio che ci hanno lasciato i nostri fratelli uccisi... Noi resteremo, non abbandoneremo i nostri amici musulmani in un momento di difficoltà. Sono piccoli gruppi che ci attaccano, non il popolo algerino".

Anche il Vescovo di Oran, mons. Pierre Claverie, nativo di Algeri, a cui poche settimane dopo sarebbe toccata la stessa sorte, ribadì la ferma volontà della Chiesa di non abbandonare l'Algeria: "La popolazione è sconvolta, la costernazione è generale. Ricevo telefonate di algerini in lacrime che mi dicono 'A che punto siamo arrivati? Come è possibile arrivare a tanto?'. Ogni giorno vittime innocenti muoiono in Algeria. I cristiani che rimangono nel Paese hanno legato la loro vita a questo popolo nel bene e nel male. La decisione della Chiesa di rimanere non cambierà". (Fides 30 marzo, 29 maggio 1996)

E' bello camminare insieme a chi ha una fede diversa.

C´era un filo rosso che legava i ragionamenti del card Martini nella sua quiete di Gerusalemme: "I credenti non hanno bisogno di chi instilli loro una cattiva coscienza, hanno bisogno di essere aiutati ad avere una «coscienza sensibile». Ed è bello camminare insieme a chi ha una fede diversa. «Lasciati invitare ad una preghiera con lui – suggerisce con mitezza Martini – portalo una volta ad un tuo rito. Ciò non ti allontanerà dal cristianesimo, approfondirà al contrario il tuo essere cristiano. Non avere paura dell´estraneo». Per il cardinale la grande sfida geopolitica contemporanea è lo scontro delle civiltà. Conoscono davvero i cristiani il pensiero e i pensieri dei musulmani – si chiede Martini – e come fare per capirsi? Tre sono le indicazioni. Abbattere i pregiudizi e l´immagine del nemico, perché i terroristi non possono davvero fondarsi sul Corano. Studiare le differenze. Infine avvicinarsi nella pratica della giustizia, perché l´Islam in ultima istanza è una religione figlia del cristianesimo così come il cristianesimo è figliato dal giudaismo. La regola aurea del cristiano – Martini lo ribadisce in questo suo scritto che assomiglia tanto ad un testamento spirituale – è «Ama il tuo prossimo come te stesso». Anzi, spiega con la precisione dello studioso della Bibbia, Gesù dice di più: «Ama il tuo prossimo perché è come te». Da lì sorge l´imperativo a praticare giustizia. È terribile, insiste Martini, invocare magari Dio nella costituzione europea, e poi non essere coerenti nella giustizia. E qui il cardinale di Santa Romana Chiesa tira fuori il Corano e legge la splendida sura seconda. "Non si è giusti, se ci si inchina per pregare a oriente o a occidente. Giusto è colui che crede in Allah e nell'Ultimo Giudizio. Giusto è colui che pieno di amore dona i suoi averi ai parenti, agli orfani, ai poveri e ai pellegrini. Chi fa l´elemosina e riscatta gli incarcerati. Costui è giusto e veramente timorato di Dio».

Come i cristani hanno condiviso la loro vita con gli Algerini

Ho vissuto 10 anni in Algeria a Touggourt e sono riuscito a farmi voler bene, perché anch'io ho voluto tanto bene agli Algerini. Ai miei amici Italiani continuavo a scrivere Cartoline che a volte finivano sui giornali. Scrivevo la positività che vivevo, vedevo, leggevo, ascoltavo direttamente da chi vi viveva da anni in amicizia, in un servizio e in donazione totale. Pierre Claverie, vescovo ucciso, aveva scritto: "Chiamati a vivere in Algeria, dobbiamo considerarci come donati al popolo algerino"».

Ripresento alcune cartoline.

Il Card Duval al servizio della fraternità umana

Nadjia Bouzeghrane scrive nel giornale *El Watan* del 25 marzo '12, una testimonianza sul Card Duval.

Morto in Algeria nel 1996 all'età di 91 anni, Mons Duval ha accompagnato con lucidità l'indipendenza dell'Algeria, dice Marie-Christine Ray, giornalista, scrittrice del libro *Il cardinal Duval, vescovo di Algeri.* Mons Duval, fin dal suo arrivo in Algeria nel 1947, ha operato a far riconoscere il diritto degli Algerini alla giustizia. *"Dobbiamo rileggere gli scritti di Mons Duval, dice Christine Ray, questo uomo è una coscienza". "Le parole giustizia, fedeltà agli Algerini"* riassumono la personalità del prelato. I cambiamenti della Seconda Guerra mondiale l'avevano convinto che il tempo delle colonie era finito. Fin dal suo arrivo a Costantine, egli si mette in contatto coi responsabili delle comunità musulmane e ebree. Arrivando a Costantine vede subito l'ingiustizia coloniale, la miseria degli Algerini, e dice: *"Bisogna essere ciechi per non vedere l'ingiustizia e le conseguenze che ne derivano"*. Qualche settimana prima dello scoppio della lotta armata, nel 1954, è nominato arcivescovo di Algeri. Nel 1956, in una lettera ai preti dell'Algeria, impiega il termine di '*autodétermination*', mentre il suo predecessore non smetteva di predicare i benefici della colonizzazione. *"Che non mi si dica che l'amicizia è impossibile tra uomini di condizioni, di razze, di confessioni diverse"*, dichiara il giorno della sua entrata nella cattedrale di Algeri. Non si crea soltanto amici. Ma non è solo, un certo numero di cristiani dell'Algeria, come i Chalet o il padre Samson, avevano capito questo problema della giustizia. Nel 1962 chiama gli Europei a restare e a partecipare allo sviluppo dell'Algeria Indipendente e ne chiama altri a venire come cooperanti. "E' necessario dire che non bisogna sopprimere le nostre scuole"..."Che devono essere le prime a promuovere il bilinguismo e la cultura algerina". Lo stato algerino offre a Mons Duval la nazionalità algerina nel 1965. Alla sua morte, nel 1996, i funerali sono nazionali. (traduzione dal francese).

A causa di quel bambino

Quello che ho vissuto in questi giorni è indescrivibile. La Piccola Sorella Jeanne arriva a Touggourt. Tahart va a riceverla all'aereoporto. Gioia inaspettata, la stessa amicizia, la stessa fedeltà. Alla preghiera del mattino Jeanne dice : "Preghiamo per quelli che hanno fondato con noi la fraternità". Gioia di essere insieme, tra persone di religione diversa. Gioia del Regno. Jeanne è la piccola sorella che ha assunto la direzione della congregazione, mentre la fondatrice, Maddalena continuava a girare il mondo per fondare nuove fraternità, naturalmente in accordo con Jeanne e spesso accompagnata da lei. Averla qui a Touggourt a celebrare i

70 anni della fondazione della fraternità di Touggourt, è rivivere i tempi degli inizi. Le fanno corona una ventina di Piccole Sorelle venute dalle fraternità dell'Algeria.
Tahart è uno dei due fratelli che hanno accolto Maddalena. Ha 88 anni. Li porta bene. Durante il pranzo mi dice:"L'amicizia che abbiamo condiviso è un'amicizia divina. E' Dio che ha voluto tutto quello che abbiamo vissuto insieme". Lo tempestavo di domande mentre era al mio fianco. L'ho visto poi, ritirarsi col suo tappetino per fare la sua preghiera da buon musulmano. Assieme a lui, a pranzo c'era un figlio, qualche nipote e marito delle sue figlie. Tutti i membri delle famiglie dei due fratelli, primi collaboratori della Maddalena, vivono le vicende della fraternità come membri di famiglia. Molti sono nati nelle mani della piccola sorella Jeanne André quando faceva l'ostetrica. Circa 10.000 tougourtini sono nati presso le Piccole Sorelle e quando mi incontrano si presentano come i loro figli. Maddalena chiedeva consiglio agli amici nomadi quando preparava i testi di fondazione della Congregazione. Li ascoltava e li trovava di una grande saggezza e profondità. Una fraternità fondata assieme a dei musulmani.
Ma di ufficiale non c'è niente, questa comunione esiste solo nei cuori. Questa dura da settant'anni. E i due fratelli, uno dei quali è morto qualche anno fa, continuano ad andare spesso tra quelle mura, le stesse di 70 anni fa, tirandosi dietro ormai un esercito di figli, nipoti e pronipoti e amici che dicono e me l'hanno ripetuto: "Siamo cresciuti qui. Questa è casa nostra". Durante gli anni difficili, creavano passaggi nascosti, passavano nottate intere a vegliare sulle Piccole Sorelle perché non fossero toccate. La visita della Piccola Sorella Jeanne ha riacceso questo affetto e questa gioia. Anch'io, se sono accettato a Touggourt e voluto bene, posso testimoniare che è grazie a questa amicizia, ed ora tocca anche a me continuarla. Gioia di vivere insieme, cristiani e musulmani, uniti come dicono, da Dio. La Messa è presieduta

dall'arcivescovo di Algeri e concelebrata dal vescovo di Gardaia e da alcuni di noi, "preti disoccupati" come qualcuno in Italia ci ha definito. La p.s. Jeanne ha messo nelle mani della sorella più giovane la statua del piccolo Gesù Bambino che la Maddalena aveva trovato tra i rifiuti, riparato, e messo accanto alla cappella per custodire la fraternità. È a causa di quel bambino da niente, che loro, sorelle da niente, mantengono rapporti di vera amicizia con tutti. E tutti ci stanno, perché tutti hanno bisogno di sentirsi amati e di volersi bene. Cari amici, gradite i miei migliori auguri. A Natale vi sentirò vicino, mentre celebrerò solo con le Piccole Sorelle. Per ora, gli amici si accontentano di sapere che noi preghiamo il nostro piccolo Gesù e ci rispettano, come noi li rispettiamo. Questo rispetto sincero e affettuoso ci mantiene fratelli e non è poco.

Cantici e versi coranici in memoria di Pietro

Erano tutti lì. Centinaia di persone venute a dire Addio! A chi non ha mai negato un sorriso, un gesto di simpatia del suo cuore generoso. Pierre Laffitte, un religioso venuto in Algeria per un po' di tempo, ma che poi vi si è stabilito perché l'amore sentito per il paese fu più forte. (Giunto a 25 anni è restato per 42 anni). Giornalisti, artisti, militanti o semplici studenti avevano trovato rifugio presso di lui negli anni del terrorismo. Anche lui era stato minacciato…

La messa è stata un momento di intensa commozione avendo lui unito cristiani e musulmani in una comunione che solo un uomo così poteva creare, uomo pieno di generosità, generosità personalizzata. Ne aveva di cuore… questo Pietro. Era meglio di un amico, era un fratello, un padre. Nel silenzio religioso, nello stesso luogo cantici e versi coranici. Ciò che ci resta di lui…

il coraggio, l'entusiasmo che ci ha trasmesso per andare avanti, la luce sulla strada della sua vita che ci metteva insieme con sua grande ricchezza umana... col dono di se. Riposa in pace, Pietro! (H. Saidani e M. Rabhi, Dal giornale *Liberté* del 4.12.2010).

Denis Pillet vede col cuore

E' ritornato in Francia dopo 64 anni vissuti in Algeria. La sua vista e la sua salute deboli gli chiedono questo sacrificio. Figlio di un architetto che visse e operò in vari paesi islamici, fratello di un altro Padre bianco. Incaricato della formazione di insegnanti a livello nazionale, creatore di un museo, scrittore di vari libri sulla cultura della regione di Ouargla e sulla storia di varie comunità dell'Algeria. Era presente durante la guerra di indipendenza (1962) e durante gli anni del terrore (1983-1988).

Presente anche a Tiberine con altri religiosi la notte del rapimento dei sette monaci, poi uccisi. Si è salvato perché, accortosi di un certo trambusto, spiando da una porta, ha visto da lontano il custode che gli diceva con gli occhi di non muoversi, essendo quello un momento pericoloso. Fu lui, ancora, che nel processo difese il custode accusato di aver tradito i monaci. Si trovava a Tiberine perché faceva parte del gruppo Ribat el salam (Unione di pace), tutt'ora attivo, cioè di quel gruppo di cristiani che cercano di vivere la loro fede cristiana in consonanza coi credenti dell'Islam. Ho avuto la fortuna di vivere i miei primi tre mesi di Algeria nella sua comunità di Ouargla e di essere stato alla sua scuola di arabo. La fortuna é che vivendo con lui, potevo chiedergli molto sulla storia e la vita dell'Algeria e della Chiesa in Algeria. P. Denis ha vissuto con un cuore di studioso, di ricercatore, ma soprattutto col cuore di cristiano che, come dice lui, aveva fatto la scelta di amare i musulmani. Tanti abitanti di varie categorie hanno vissuto e goduto della sua amicizia. Coi suoi occhi ormai non legge più, ma continua a leggere col cuore. Ogni volta che viviamo con lui momenti di scambio di esperienze e di riflessione sulla nostra presenza in Algeria il suo discorso ormai è sempre questo: "Anche qui lo Spirito Santo agisce". Grazie padre Denis, maestro di cultura, di lingua, di spiritualità musulmana.

Khalti Colette Testimonianza dell'amica Hacina

Suor Colette Calle era arrivata in Algeria nel 1963 e aveva vissuto tutta la sua vita di Suora Marista come infermiera. Ci siamo conosciute nel 1991 nella casa della famiglia Meddah dove la madre aveva partorito due gemelle. Una di loro Meberika era andicappata. La suora incoraggiava i parenti e organizzava la cura della bambina, altrimenti destinata a morire. Contagiava tutti col suo entusiasmo e con la sua determinazione. Meberika diventò un membro completamente attivo nella famiglia. Diventammo amiche. Lavorava tutta la settimana e i giorni di riposo li spendeva a cercare, camminando a lungo nel deserto, i bisognosi di vaccinazioni. Sempre col sorriso... non rinunciava di fronte alle difficoltà. Era tutta immersa nel suo lavoro d'infermiera... e mi stupiva per i ritmi che si imponeva e per la semplicità del suo tenore di vita. Dava tutta la sua vita, la sua energia... Le donne l'adoravano. Ognuna di loro si riteneva la sua amica e nella miseria sociale o nei conflitti familiari, ognuna aveva in lei una spalla per appoggiarsi a piangere e un braccio solido sul quale aggrapparsi per stare in piedi. Fu lei a propormi a lasciare l'insegnamento e ad occuparmi di un'Antenna dell'Ufficio Nazionale per andicappati. Insieme riuscimmo a recensire gli andicappati della zona. Dialogavamo a lungo e in profondità sulle nostre fedi rispettive e mai questo ci ha separate, anzi avvenne il contrario. La fede, il dono e la preghiera. Questa la sua vita, ritmata dalla meditazione. Tanta gioia, risate, risate pazzesche attorno a lei. Negli anni neri eravamo unite nei laboratori di ricamo, di cucito, di cucina. Presso di lei e di Yolanda, sua consorella, potevamo dimenticare per qualche ora la violenza che imperversava fuori… I miei figli chiamano le mie sorelle Khalti (zia). Quando c'era lei, era lei… Khalti Colette! E' vero! Mia sorella Colette ha raggiunto colui al quale aveva consacrato la sua vita e i miei figli hanno perso una zia.

Rania e l'identità di Charles de Foucault

Il 17 settembre scorso, Claude Rault, vescovo del deserto dell'Algeria, celebrò il centenario della morte del Beato a Strasbourg, luogo della sua nascita. Tutto il discorso è sul filo di questa frase pronunciata da Rania, donna musulmana: "Era un uomo che aveva tutto e che lasciò tutto per avere ciò che non aveva".

"Rania, giovane donna musulmana di 32 anni, è deceduta trasportata dalla corrente improvvisa di un oued a Tamanrasset. Da alcuni anni era stretta collaboratrice del Piccolo Fratello Antonio Chatelard, negli studi su Charles de Foucauld. Accompagnava i gruppi di turisti soprattutto a visitare il «Bordj» dove era stato ucciso Charles de Foucauld. Fu presente a Roma alla beatificazione e diede una lunga testimonianza che ci aiuta a capire il cammino di una musulmana sui passi di De Foucauld. Alcuni stralci: "I visitatori, anche musulmani, mi chiedevano il perché del mio studio, lavoro, accompagnamento di Fr. Charles. Mentre cercavo di capire, mi accorgevo che stavo cercando di capire me stessa. Lessi la sua ricerca nei momenti più difficili della sua vita e il suo sforzo per uscirne. C'è voluto del tempo. Non è stato facile. Avevo paura di perdere la mia identità e le mie radici. Mi sembrava di trovarmi in un crocevia di separazione. Al contrario lo vivo come un crocevia di incontro e di comunione. Attraverso lì, ho scoperto quanto c'è in me di ricco e di unico, senza aver perso la mia identità. Cammino sugli stessi passi di Fr Charles e trovo la forza di vivere il mio cammino senza paura".

50 anni di indipendenza dell'Algeria.

La Chiesa è rimasta presente. Paul Desfarges, vescovo di Costantine, in una lettera descrive il percorso della Chiesa in Algeria durante la guerra di liberazione, le parole coraggiose dell'allora arcivescovo di Algeri, il cardinale **Etienne Duval, contro la tortura**, la vicinanza fraterna e rischiosa dei cristiani al fianco degli algerini nella loro lotta per l'indipendenza che ha rafforzato i legami di sempre della Chiesa con il suo popolo. «La Chiesa nel momento dell'indipendenza ha detto ancora si alla sua vocazione di essere Chiesa per tutto il suo popolo d'Algeria». Mentre l'Algeria scivolava, anni dopo, nella violenza integralista e affondava nella guerra civile, Mons. Teissier, arcivescovo di Algeri nonostante le minacce e i rischi, si rifiutava di lasciare il paese nell'ora più sanguinosa. Solidale al popolo algerino, della cui amicizia e sincerità non aveva mai dubitato, ribadiva la sua convinzione che in Algeria, nella tragedia quotidiana, il sangue dei cristiani (19 religiosi e alcuni laici) e dei musulmani algerini e degli stranieri (circa 150.000) era uno: lo provarono il martirio comune e il destino condiviso da Mons. Claverie e il suo autista Mohamed. Mons. Teissier dichiarava senza ambiguità la sua compassione per i civili algerini e faceva eco al Card. Duval nella sua certezza e diceva: «Quella d'Algeria è una Chiesa di incontro, testimone nascosto della presenza di Dio». (Martine de Sauto, *Henry Teissier évêque en Algérie. De l'Algérie française à la crise islamiste* Ed. Bayard, Paris 2006).

Conversione di sguardo

Chiamati a rileggere la nostra vita di condivisione con un popolo per noi nuovo e diverso ci accorgiamo che è anche necessaria una conversione. Siamo invitati a posare un altro sguardo sulla nostra Chiesa, Chiesa presente, Chiesa dell'amicizia, Chiesa della conversazione e poi lo sguardo sulle persone con le quali viviamo. Anzitutto uno sguardo ai segni dei tempi, non solo sul negativo ma sul bene... e vedere come lo Spirito lavora nella speranza ancorata profondamente nel cuore dell'umanità. L'Algerino di fama mondiale Albert Camus diceva: *"Negli uomini c'è più da ammirare che da disprezzare"*. Le nostre esperienze inserite nella realtà attorno a noi ci confermano in uno sguardo benevolo e riconoscente, fatto con bontà e bellezza e a vivere la vicinanza e il dialogo con l'altro nella sua differenza. E sono le differenze che ci avvicinano e fanno cambiare lo sguardo. La testimonianza che diamo come stranieri può parlare anche se è comunicata con segni e gesti silenziosi, ma con senso contemplativo e profondo nell'interiorità della vita donata. La testimonianza è difficile da valutare, ma è il segno visibile che lascia tracce nella vita. Poi c'è la speranza gioiosa, la caratteristica del discepolo autentico. La speranza ci rende attenti ai segni della venuta del Regno di Dio. Gesù ne parla spesso e ognuno può trovare il modo per farlo venire. Quale speranza per noi oggi? In che cosa mi sento chiamato a servire il Cristo in un paese maggiormente musulmano come l'Algeria? Questa speranza è quella promessa dal Cristo Risorto per noi e per la moltitudine. Una speranza dentro un cammino da ripensare, da cercare. Certo, anche in seno alla comunità cristiana ci sono differenze di origine, cultura, età e lingua. E tutto ciò ci mantiene uniti. La comunità è rimessa continuamente in valore, diventa grazia per cristiani e musulmani. Arrivando in Algeria, molti trovano la sorpresa della diversità in seno alla famiglia cristiana solidale. Tensioni, difficoltà e stanchezze sono superate dal ricordo dell'unità vissuta. Nel Cristo vivente tra noi, una profonda comunione è possibile.

«Una parte di voi ci appartiene»

Un'amica algerina musulmana ha scritto alla comunità cristiana la seguente lettera: «Avete scelto di vivere con questo popolo, di condividere le sue gioie e le sue pene. Avete scelto... o è Dio che ha scelto per voi? L'importante è che voi siate qui, e che rimaniate sempre qui. Ma la vostra presenza non si limita solo alla relazione creata dal vostro insegnamento e dal vostro aiuto. La vostra presenza ha superato tutto ciò. È più profonda. La vostra presenza in questa terra e in mezzo a questo popolo ha superato tutto questo poiché una parte di voi ci appartiene. Non si può esistere da nessuna parte senza appartenere in qualche modo all'altro. Molti algerini musulmani condividono con me quest'idea e queste sensazioni. Non siete qui per un conflitto religioso o politico – benché molti lo credano – e non voglio arrestarmi a questa considerazione. Se volete andare al fondo della vostra nobile missione, dovete vivere qui con noi pienamente.

Amicizia Divina

Questa mattina ho celebrato con le Piccole Sorelle, ricordando il giorno della partenza per il Paradiso della loro fondatrice, Magdeleine Hutin, avvenuta il 6 novembre 1989. E ho riletto alcune testimonianze su i suoi primi giorni nel deserto di Touggourt : "Con la p. s. Anne eravamo partite col cuore pieno di gioia... leggere come chi cammina col solo bastone in mano... con la sola bisaccia senza ingombri per non rallentare il cammino". "Il vestito assomiglia a quello delle donne arabe. Sul cuore portano il cuore e la croce di De Foucauld, segno che vanno solo per amare. Si accampano in una vecchia casa alla periferia di Touggourt in mezzo a famiglie di nomadi riunitesi per sopravvivere alla carestia. Lavorano assieme ai nomadi per liberare la casa dalla sabbia" . E Magdeleine scrisse: "Eravamo Arabe tra Arabi, nomadi tra nomadi, operaie tra operai, vivendo sulle tracce di De Foucauld un apostolato del 'territorio per il territorio', apostolato del 'lievito nella pasta'. Abbiamo adottato il cibo, il mobilio, anzi la mancanza di mobilio, le povere case di terra, il vestito... la stessa povertà. Abbiamo cercato di somigliare a loro... ma soprattutto di rispettarli. Vediamo degli stranieri ridere forte sui loro costumi e sulle loro preghiere mentre nei loro piccoli gesti verso Dio c'è qualcosa di divino che merita un rispetto infinito! Il più miserabile che incontriamo nel cammino è un uomo. Ha dignità. Va rispettato. Davanti a Dio non c'è superiore o inferiore! L'amicizia con loro è stata il momento più straordinario della mia vita. Ho visto che un amore di amicizia può convivere nelle differenze di razza, cultura e condizione sociale. Erano i più poveri e mi hanno riservato una bontà e una delicatezza commovente. Vegliavano e ci curavano quando eravamo ammalate. Ero talmente sicura di loro che questa fiducia mi ha salvata. Nei periodi di vita con loro non sono mai stata delusa". "Insieme abbiamo vissuto un'amicizia divina", mi ripete ancora oggi il vecchio Tahart.

Tibhirine

Ho visitato Tibhirine due volte. La prima volta ero assieme al vescovo Teissier, la sorella e la nipote di Frère Paul e la giornalista Anna Pozzi. La seconda volta, giorni fa, dopo sei anni dalla prima visita. Due visite cariche di emozioni e di riflessioni. Mi trovavo accanto al vescovo che ha vissuto tutta la sua vita in Algeria. L'ho visto varie volte piangere quando parlava dei 19 religiosi uccisi e del centinaio di Imam, anche loro uccisi, e dei 150.000 algerini, anche loro uccisi. Ci ha letto con varie interruzioni il testamento di Christian, un capolavoro di intensa comunione con l'Islam. Avevo visitato la stanza di Fratel Paul accanto alla sorella e davanti alla tomba della… testa. Scusate la crudezza dell'espressione. Non vi dico quello che sentivo. Quella visita era tutta sui sette. La seconda visita, di due giorni, mi permetteva di allargare lo sguardo, il pensiero, la riflessione. L'ambiente ora ben curato dal diacono francese e da sua moglie che vi dedicano due anni della loro vita, ti permette di vedere tutto il grande monastero, la stanza del priore p. Christian, le stanze dei martiri, il piccolo dispensario del medico Luc, il luogo dove attendevano i malati algerini, e il grande giardino… Soprattutto la chiesa dove i monaci pregavano varie volte al giorno e dove ho potuto celebrare l'Eucaristia col gruppo dei pellegrini. E il cimitero… Ma questa volta mi hanno colpito le vecchie lapidi che si trovano dietro le recenti. Allora tutto mi è apparso più esteso, più vivo, più storico.

Quando vado ad Algeri dialogo a lungo col padre Jean Marie Lassause, giardiniere di Tibhirine. *Il giardiniere di Tibhirine* è il titolo del suo libro, tradotto in Italiano da Anna Pozzi che conosce bene l'Algeria per aver vissuto tanti incontri con Mons Teissier, fino a qualche anno fa, arcivescovo di Algeri. Preferisco parlare di Tibhirine citando il libro.

"Questo è un luogo carico di storia, di cui mi sento uno degli eredi. Le pietre semplici, gli edifici sobri senza essere austeri, testimoniano di ore difficili, di vite donate a Dio e agli uomini. Quando scruto il monastero, tutto parla di questa storia che ricompongo per frammenti. Il rapimento e l'assassinio dei sette monaci segneranno per sempre questa terra di Tibhirine, ma non ne esauriscono il senso: la storia delle generazioni che li hanno preceduti ha contribuito a forgiare le relazioni umane di oggi. Un po' alla volta, mi sforzo di capire tutto ciò che è stato vissuto qui. Non per diventare custode di un museo né tutore della memoria, bensì, in un certo senso, per essere il successore di una presenza straordinaria in questo piccolo villaggio di montagna sconvolto dagli eventi". Tuttavia il grande impatto di Tibhirine non è legato al numero, ma soprattutto alle personalità che vi hanno vissuto e alla testimonianza che hanno dato…

Ancora oggi mi colpisce il vedere le donne che vengono a sedersi sulle pietre davanti a una porta, in attesa di entrare nel luogo dove operava il medico Luc. "Perché ritornate", chiedo. "Lo vogliamo sentire ancora qui per noi", mi rispondono. Anche il monastero continua a rivestire una grande importanza per la Chiesa d'Algeria. Sebbene si tratti solo di un "piccolo resto" - edifici danneggiati dalle intemperie e un minuscolo cimitero, vite brutalmente interrotte quasi quindici anni fa - Tibhirine è ancora fortemente presente nel cuore dei cristiani di questo Paese.

Chiesa dell'incontro

Nell'intervista rilasciata a Romilda Ferrauto durante il Sinodo della nuova evangelizzazione, Paul Desfarges, allora vescovo di Constantine, ha detto: *"Siamo una chiesa dell'incontro e della fraternità. Desidero che la piccola comunità cristiana possa crescere nell'intimità dell'Islam e vicina ai veri valori dell'Islam. E' un cammino difficile ma contiamo su persone di Dio capaci di sentire che i nuovi cristiani sono persone convinte e che amano il loro paese. Si tratta di essere discepoli di Gesù, di essere evangelici. Le cose possono fare il loro cammino solamente con un eccesso di bontà. Viviamo il dialogo della vita in cui si è servi come Maria che va da Elisabetta spinta dallo Spirito santo. Le religiose, per esempio sono un segno per le giovani che vedono in loro delle persone libere che credono veramente. Possiamo parlarci francamente con altri responsabili religiosi. Ho degli amici coi quali si parla di questioni religiose. L'importante è di dirci li cose con benevolenza. Anche l'umiltà è importante come amava dire spesso la Piccola Sorella Maddalena".*

Testimonianze sul Card Duval

Il presidente dell'Algeria BoutéfliKa ha detto durante una conferenza tenuta in Italia a Rimini: "Inébranlable il a vécu parmi nous, dans ses convictions, constamment aux cotés de son peuple, le peuple algérien, sans compromis, ni compromission, ni avec sa foi, ni avec son idéal de liberté et de paix il a vécu parmi nous toujours égale à lui-même pendant la période coloniale, durant la guerre de libération, au lendemain de l'indépendance, où il s'est fait partout, le chantre des humbles et des opprimés»

“Les prises de positions de Mgr Duval, lorsqu’il était évêque de Constantine, sur la justice sociale et la nécessité d’établir des contacts entre les diverses composantes de la société à l’époque, avaient retenu notre attention : c’était pour nous un langage peu habituel venant de la part d’un évêque ». Pierre Chaulet

« Les lignes de démarcation, tracées depuis un siècle et plus, entre une minorité privilégiée, généralement européenne et catholique, et une majorité algérienne, généralement musulmane, sont effacées par les appels de Mgr Duval à « la fraternité universelle ». Daho Djerbal

« Interpelle autorités politiques et militaires » « Dénonciation des arrestations massives de « suspects », les atteintes systématiques à la dignité humaine, l’usage de la torture, les exécutions sommaires. En pleine bataille d’Alger : « Au nom de la fidélité de Dieu, il n’est jamais permis, même pour défendre une cause que l’on retient juste de prendre des moyens défendus de Dieu » Il exprimait clairement l’idée qu’il fallait assurer la libre expression des aspirations légitimes de tous les éléments de la population (en 1955) et donner satisfaction à la volonté d’autodétermination, dans le respect des droits des personnes et des communautés (en 1956) » Daho

« Il a su que la société algérienne luttant au nom de l’Islam et élevant le drapeau de l’Islam, ne manifestait pas son hostilité à l’égard du christianisme, mais s’insurgeait en fait, contre le colonialisme ». Abdelhamid Mehri

« Appel à la clémence en faveur de Zabana et Faradj incarcères à la prison de Barberousse…. exécutés » « Immortalisé par un texte de la plate-forme de la Soummam » Mohammed El corso

« Homme flamboyant d'humanisme ». Commandant Azzadine

« Voix régulièrement élevée, en Algérie et hors d'Algérie en faveur de la justice et du droit au développement des peuples ». Reda Malek

« Chaque être a le droit de partager avec tous les autres humains, créatures du même Dieu ce que la planète contient de richesses » Mohammed Bedjaoui

« Ce n'était pas un missionnaire qui faisait du prosélytisme. Sa mission consistait à se mettre au service de l'homme, Ses engagements s'inspiraient dans cette ligne, de l'idéal de charité chrétienne. Il intéresse notre mémoire nationale ». Mohammed El Corso.

Testimonianze di Algerini

"Grazie alla Chiesa per aver lasciata aperta la sua porta: aiuta a scoprire l'uomo nuovo e insieme scopriamo Dio. Dio non è una proprietà privata. La presenza della Chiesa nel nostro paese è più che mai vitale per assicurare un'Algeria plurima, plurietnica, aperta sul prossimo, tollerante e solidale "

"Noi, A.B. giornalista e M.M. professore universitario, noi vogliamo testimoniarvi oggi tutta la nostra amicizia e fraternità nel dramma che tocca noi tutti. Per noi e per sempre non dimenticate mai che siete nostri fratelli e nonostante le diversità dei nostri dogmi, noi abbiamo lo stesso Dio. Voi siete a casa vostra, vi amiamo, preghiamo al vostro fianco per il riposo di quelli così vigliaccamente abbattuti""

“Penso che Dio voglia la presenza della Chiesa cristiana algerina in terra d’Islam. Dio sa tutto, e quello che vuole compiere è con voi. Che sia così… Voi siete un germoglio sull’albero dell’Algeria che, se Dio vuole, crescerà nella luce di Dio. Non è il numero che conta, ma la vostra preghiera. Questa è importante! Dio ama quelli che lo amano, e tutte le preghiere sono ascoltate, non importa la lingua. Voi siete importanti a nostri occhi. Allora per favore, restate con noi”.

Comunita’ PIME in Algeria

Fratel Fabio Mussi, consigliere generale, ha spiegato che il recente impegno del PIME in Algeria deriva dalla mozione *Duc in Altum* della XII Assemblea Generale del 2001 (vedi Atti, p. 56), che invitava l’Istituto ad “inviare missionari anche la’ dove ci sono situazioni particolarmente difficili e per ragioni politiche, sociali, ideologiche non sia possibile una normale presenza missionaria”. I tre missionari scelti per questo impegno sono p. Silvano Zoccarato, 71 anni, gia’ missionario in Camerun, l’associato novarese don Emanuele Cardani, 47 anni, gia’ missionario *fidei donum* in Ciad, e p. Davide Carraro, 30 anni, alla prima destinazione. La continuita’ dell’impegno ed un eventuale avvicendamento dipendera’, come nel loro caso, dalla disponibilita’ personale di altri missionari del PIME. La comunita’ risiedera’ a Touggourt, ottanta mila abitanti, 600 km a sud di Algeri, nella parte orientale del paese, con uno stile di vita e di testimonianza silenziosa, cercando di stabilire buone relazioni con la comunita’ musulmana e limitando il ministero pastorale a quanto consentito: assistenza religiosa alla Casa Madre delle Piccole Sorelle di Gesu’ e ai cattolici stranieri impegnati nei vicini impianti petroliferi. Anche le Missionarie dell'Immacolata stanno pensando ad un'apertura nella stessa area. La presenza a Touggourt si propone anche di offrire ad altri missionari del PIME, a giovani, sacerdoti e religiosi, italiani e non, che ne facessero richiesta, una pausa di riflessione, discernimento e preghiera.

Dieci anni

La mia fortuna è stata di avere a circa due Km dalla mia abitazione, la comunità delle Piccole Sorelle di Gesù, che hanno celebrato, nel 2009 70 anni di permanenza. Sono state le mie maestre di vangelo vissuto. Sono le 'mamme', le 'sorelle', le 'avvocate' dei più poveri per aver praticato e per continuare a vivere con la gente, come Gesù, "venuto ad abitare in mezzo a noi". La mia sorpresa, dopo la paura dei primi giorni, fu di trovare una popolazione interamente musulmana che conserva oltre all'affetto per le Piccole Sorelle, anche una profonda nostalgia degli anni vissuti coi Padri Bianchi e con le Suore Bianche per le mille opere di scuola e di assistenza.

Quando manifesto una domanda di aiuto, di qualsiasi genere, la gente mi risponde: "E' una gioia averti con noi". Un dentista musulmano, quando gli chiesi che cosa gli dovevo, mi disse: "A gente come voi non ho mai chiesto nulla!".

Occupo la giornata celebrando la messa presso le Piccole Sorelle, dove vado a piedi ogni giorno, poi nelle faccende domestiche, nelle camminate al mercato e nell'aiuto a persone di ogni genere, ragazzi/e e adulti, nello studio delle lingue. Un amico viene due o tre volte la settimana per pulirmi la casa, soprattutto quando il vento di sabbia me la riempie. Quello che mi fa restare con gioia è la constatazione che nel cuore della gente, anche musulmana, c'è un bisogno profondo e vivo di fraternità. Da un anno si è aggiunto p. Cesare Baldi che risiede accanto all'arcivescovo di Algeri. Svolge un intenso lavoro come responsabile della Caritas. Anche le Missionarie dell'Immacolata sono venute per restarvi. Suor Serena Stefani che attende altre due consorelle per Hassi Messaud. E suor Rita Manzoni, suor Gabriella Tripani e suor Giulia per dirigere la vitalità della Maison Diocesaine di Algeri, luogo di incontro non solo per la Chiesa dell'Algeria ma anche di molti amici di ogni cultura e religione e altre tre suore per la diocesi di Oran.

Gli aspetti e i motivi della nostra presenza in Algeria

Il vescovo di Costantine li chiama *Grazie e cammino esigente*. Il primo è quello che da anni è definito come Sacramento dell'incontro e della presenza. Cioè condivisione e cammino di accompagnamento vissuto nella testimonianza reciproca di cristiani e musulmani di una vita spirituale che arriva fino all'ammirazione della fede dell'altro come ha fatto Gesù col centurione e la Cananea. In questo sacramento c'è la Grazia del Signore e l'azione dello Spirito. Ciò chiede di saper restare aperti e sensibili alla vitalità di ogni mondo compreso quello musulmano e di saper cogliere nelle differenze quei semi di verità che diventano stimoli per un arricchimento comune.

Il secondo aspetto e motivo è quello dell'accoglienza di quanti cercano, pensano, leggono, si sentono invitati a un confronto, sentono nascere tanti perché, oppure anche avvertono di essere chiamati a diventare discepoli di Gesù.

Questo sta avvenendo per cammini diversificati, personali, da non poter essere catalogati, né per modalità di inizi, né per modalità di percorsi e di concretizzazioni. Alcuni dicono che non si tratta di cambiamento di religione, ma di nuova e continua esperienza di Dio, di rapporto fraterno col prossimo, più denso, e di una riscoperta di se stessi. In tutti questi aspetti e motivi della nostra presenza, nascono necessità, anche, e sempre nuove, di un discernimento per capire e riconoscere l'autenticità dell'azione dello Spirito. In questi cammini permane la consapevolezza delle difficoltà d'ordine sociale a cui vanno incontro i nuovi discepoli di Gesù. La società non li capisce e non li accetta. Devono vivere, da soli, il loro percorso e la loro identità profonda, anche in famiglia con la moglie o il marito, i figli, gli amici...

Vivere in frontiera, al limite

Spesso nel dialogo con la gente o quando esprimo un mio sentimento, mi accorgo delle reazioni spontanee: "Questo è falso..." quando leggono qualcosa della Bibbia. "Questo è haram" (proibito) quando presento un amico, amante del canto, cosa non ammesso da tutti. Oppure quando ho detto la frase: "Dio non abbandona mai l'uomo" e "Dio non vuole la morte del peccatore", "Siamo tutti figli di Dio". O quando dico: " Dio ama l'uomo". Alcuni reagiscono di fronte al nuovo, hanno paura quando si tocca una tradizione, un modo vissuto... Altri accolgono, sono contenti, quando si accorgono che in fondo abbiamo lo stesso sentire. Oltre a l'impostazione di un dialogo corretto ed efficace, c'è poi il campo di battaglia per la libertà religiosa. Comunque il mondo è in fermento. Una nuova primavera. E' il momento di 'vegliare', sensibili ai gemiti dello Spirito.

Printed by Books on Demand GmbH, Norderstedt / Germany